# 「まちライブラリー」の研究

「個」が主役になれる社会的資本づくり

礒井純充

みすず書房

（左）東京都台東区入谷のカフェでの，まち塾@まちライブラリーのイベント風景（2011年）

（下）まちライブラリー@もりのみやキューズモール（大阪市中央区）の屋外でのブックピクニックイベント風景

ISまちライブラリー@奥多摩・鳩ノ巣（東京都西多摩郡奥多摩町）．野外での本とBBQイベント

まちライブラリー@東大阪市文化情報館（大阪府東大阪市）
教室があるエリアの階段を利用した本棚に，市民から寄贈された本が配架されている

まちライブラリー@MUFG PARK（東京都西東京市）
館内．高さ 3.5 m，長さ 35 m の本棚

（下左）まちライブラリー@MUFG PARK 外観
（下右）まちライブラリータイムカプセル

まちライブラリー＠南町田グランベリーパーク（東京都町田市）
本棚，机，椅子には隣接する鶴間公園で間伐された木材を利用している

まちライブラリー＠My Book Station 茅野駅（長野県茅野市）
古い商業ビルの空き室を利用し，市民が本棚や家具を作成してできた場所．一部の本棚は市民に貸出しをおこなっている．思い思いの本を貸したり売ったりする場になっている

まちライブラリー@四谷陽運寺（東京都新宿区）
本を持ち寄って住職の話を聞くイベント

まちライブラリー@はるえ文庫（奈良県大和高田市）
亡くなった奥様の本をボランティアが整理し，自宅を開放したまちライブラリー．開所した折の懇親会

とんだばやし Miko まちライブラリー（大阪府富田林市）
8 歳の男児がスタートさせたまちライブラリー（2018 年 3 月）

#「まちライブラリー」の研究　目次

# はじめに

まちライブラリーは、私が実施、提唱してきた誰でも始められる私設図書館である。本を所蔵していなくても本を持ち寄り、お互いに閲覧、貸出などを通して人とつながることを目的として2011年に始まった。まちのカフェ、お寺、病院、自宅、オフィス、商業施設など多様な場所に展開され、2023年3月現在、全国で1000ヶ所を越えるまでになった。運営には、個人、NPOや商店街などの団体、企業や行政・図書館などさまざまな人や団体が関わっている。設置場所も民間の施設に併設されているものから、公共的な場所に併設されているものまである。本を通じて人とつながろう、まちの居場所をつくろう、本を多様な場所に展開して多くの人に届けようという考えや気持ちが伝わった結果ともいえる。

しかし、このような活動が始まるきっかけは、極めて個人的なものであった。私は、2005年まで六本木ヒルズ(1)で大規模な文化事業を展開していたが、突然の人事異動で、18年にわたり携わり育ててきた「六本木アカデミーヒルズ」(2)を離れることになった。喪失感からライブラリーを併設したコワーキングスペースやカフェを多地点に展開するビジネスの構想を検討するが、成し遂げる限界を感じ、お蔵入りとなる。その後、さらに組織での挫折と変節を経験する。そんな折に、全国の村々を旅する若者に出会い、ひたすら目の前の人の役に立とうとする姿勢が多くの人の共感と応援を得ていることに気づかされ、これまでの自らの目標や成果にこだわり続けていた姿勢を恥じ入ることになる。その後、この若い人を師匠とし「まちライブラリー」の前身となる活動を細々と始め、自らの居場所づくりに挑戦した結果、しだいに共感の連鎖が広がり多くの人が「まちライブラリー」活動を実施するようになったのである。

この10年の活動実践をさらに社会的な視点から再整理しようというのが本書の目的である。たんなる活動紹介ではなく、このような活動になぜ多くの人が参画するのか、その結果、それぞれの人にどのような効用や課題が生まれているのか、さらに社会にとってどのような意味を持つのかを整理し、この活動から読み解けるものを考察していくことにある。そして「個」の活動が活かされやすい社会をつくる鍵を整理したいのである。

とくに本書で明らかにしたいのは、個人の活動こそが社会的な活動につながるという可能性である。グローバル化の中で、個々の人は、ともすれば自らの力を過少評価しがちであり、組織や資本がなければ何事も成し遂げられないと考えがちである。しかしながら本当にそうなのであろうか。社会やそれを支える組織や社会的制度は、本来は個々の人の活動の結果であり、その活動の総和が社会全体の姿になるはずである。とすれば個々の人がこれら社会的活動に参画するようになれば、社会の姿も変化してくるはずであり、そのような力となすためには、個々の人が活動に参画する動機とはいかなるものかを読み解く必要がある。資本主義社会では、お金を生む、つまり自らに収益をもたらすことが経済活動の原動力になると言われる。

経済学の父と言われるアダム・スミス〔Adam Smith : 1723-1790〕は『国富論』（1776）の中で以下のような表現をしている。「われわれが夕食の時に期待するのは、肉屋や酒屋やパン屋の好意ではなく、彼らが彼ら自身の利益に関心をもっていると信じるからである。われわれは彼らの人間愛にではなく、自己愛に対して訴えかけているのであって、説いて聞かせるのは我々の窮状ではなく、彼らの利益である」としている。そして『国富論』の理解は、「神のみえざる手」という神話的な解釈に傾いていく。もっとも道徳哲学者であったスミス自身は、それだけで良いと考えていたわけではなく、むしろお互いを受けとめる共感や利他的な行為が大事だと考えていた。肉屋や酒屋やパン屋をやっている人も、儲ける喜びと同時に自らの存在価値を認めてもらえる喜びをもって活動していることは容易に想像できる。現代社会ではこのような個人商店主は少なくなり、多くの人が組織に属して生活するようになったが、それでも単に給与だけを求めて働いているのではなく、仕事に対するやりがいや誰かに認められるという自己効力感が社会活動の原点にあるといえる。このように経済活動をとってみても、自己利益と自己効力感が大事な柱になっている。

しかしながらマクロ的視点にたって国を統治し、組織を運営し、社会をつくる立場にある人は、このような気持ちを十分に理解して行動していないのではなかろうか？　組織を運営する以上、結果を出さなければならない。結果を出すためには、計画的な目標と効率的な行動が不可欠であると考えるのが一般的である。このような行動様式は、生活の隅々までいきわたっている。収益を柱にする私企業でなくても、身近な活動をしているＮＰＯなどの団体から行政機関、学校運営にいたるまで組織という集団で活動している時は、人はおおよそこのように考え、行動する。その集合体が、国家であり、その下で制定されている法律や制度といったものが、われわれが生きる社会を支えていると信じられている。その信仰のようなものが、長年にわたり私が携わってきた都市計画やまちづくりの分野でも原動力となっている。例えば日本では、都市計画や地域づくりに関する法律が２００以上制定されているという。しかし、それら法律や制度にうらづけられた目標は達成されているのであろうか？　また目標を達成したとしても、そのまちにいる人々は、その結果、喜んでいるのであろうか？　このような疑問にまちづくりの視点から鋭い洞察をしたのが、ジェイン・ジェイコブズ［Jane Jacobs : 1916–2006］である。ジェイコブズは、著書『アメリカ大都市の死と生』（１９７２）の中で都市計画家や行政、企業が作った新しい街区、公園やその他の施設は、生活者にとって利用しづらく、むしろ街路や空き地で自由に遊ぶ子どもたちがいたまちの方が、はるかに良かったと断じている。都市で起こることは、専門家だけが理解できる難解なものではなく、ほとんどだれにでも理解できる。都市の問題はその実態を見ることで解決されるもので、あるべき論や汎用的な一般論から演繹的に考えると、最終的に不条理さに行きついてしまうと唱えている。

ジェイコブズと同様、近代都市計画について疑問を持っていたのが『サードプレイス』（1989）の著者、レイ・オルデンバーグ［Ray Oldenburg：1932-2022］だ。オルデンバーグは、自宅でもない、オフィスでもない、第三の場所「サードプレイス」が大事であると問題提起し、多方面に影響を与えた。車を中心に計画された米国社会は、イギリスのパブやフランスのカフェのような場所が失われ、人と人とのふれあいを喪失していると警鐘を鳴らした。この「サードプレイス」という概念が発表された後、その言葉が持つ魅力と柔軟性から、コワーキングスペースやチェーン展開しているカフェ、ファミリーレストランもサードプレイスであると主張されてきた。しかしこれらの場所は、オルデンバーグが問題提起したかった「インフォーマルな公共生活」といった視点から論点がずれてきていることは否めない。オルデンバーグは、近代的な都市計画は機能を求め、用途を純化させていったために、地域社会に自然と生み出されていた人と人とのつながりや、それを生み出す場がなくなってしまったと主張している。そのことを表現するために「サードプレイス」に注目したのである。

日本の経済学者、宇沢弘文《ひろふみ》［1928-2014］もジェイコブズを評価した。宇沢は、『社会的共通資本』（2000）の中で近代都市計画にもっとも影響を与えたル・コルビュジエ［Le Corbusier：1887-1965］の『輝ける都市』（1935）は、近代化の象徴であり、自動車交通を主体とした機能的なまちづくりであり、決められたゾーニングには人間性が欠如していると批判している。対して、ジェイコブズを高く評価し、あらかじめつくられたブループリントに合わせて都市が形成されるのではなく、部分から全体へとプロセスをふみながら、個別から一般へと帰納的な思考にもとづいてつくられなければならないと指摘している。

このように、三者三様の立場ではあるが、いずれの論者も近代都市計画のもつ計画性の罠について問題提起を行っている。

これは単に都市計画やまちづくりの分野に限った話ではないことは、すぐに理解してもらえると思う。我々は、時として数値目標等、形式的な結果を出そうとすればするほどより計画的に、より効率的に行動しようとするが、そのためには多少とも個々の人の夢や目標から乖離する不合理さに目をつむらざるを得なくなる。しかもその結果も、必ずしも当初の期待通りにはゆかないことは多々ある。この種の矛盾は、社会のどこにでも潜んでいる。私は、個々の人の不合理さが全てなくなるとは考えないが、視点を変えることにより、個々の人にとっても、社会全体にとっても、少しだけ心地良い結果を生み出すのではないかと考えて「まちライブラリー」を考案し、提唱してきた。本書では、宇沢が唱えた「社会的共通資本」の一つと考えられる「図書館」、とりわけ私が十数年にわたり活動に携わってきた「まちライブラリー」を材料にして「個」と「社会」の関係性について考察を深めていきたい。私は個々の人の発意や行動を起点に自生的に「まちライブラリー」を実施する人が出てくれれば、結果として個人の思いを出せる活動になり、同時にそれらを「連坦」(3)することで社会的な活動となりえると考えた。そのうえでまちライブラリーが地域の居場所となったり、コミュニティ組成のきっかけになったりしながら地域文化を形成していく力になるのではと期待した。「公共図書館」にも求められ始めている、「地域の場としての図書館」を補完しうると想定している。このように自生的に派生する「個」の活動が、社会全体に影響を与え、ジェイコブズやオルデンバーグが唱えたまちづくりを実現しうると考え、活動を続け、研究対象としてきた。

研究結果はこれから本論で詳述していくが、結論からいえば期待通りであった点と想像もしていなかった点があらわになった。とくに興味深いのは、活動の当初から場づくりやまちづくりのために「まちライブラリー」を実施した人は壁にぶつかりやすく、場づくりに失敗しやすいということだ。逆に場づくりや地域のことをまったく考えずに活動していたにもかかわらず、自らの夢や課題を追求していた人が他者からの声掛けや、期待に応えるうちに地域のことに目覚めていく姿を目にしたことである。この矛盾はどこから生まれるのであろうか。計画や制度に従うことからは生まれない何かがそこにあるのであろうか。いやむしろ、個々の人の活動を基底にする活動には、計画や制度が妨げになっているのではないだろうか？　本書では、その疑問を解くために、各地のまちライブラリー活動を観察し、実際に運営したり、利用したり、ボランティアで携わっている人たち数十名を対象に、彼らがそもそもどのような思いで活動を始めたのか、その過程で何を得て、何につまずき、何を求めているのかを聞きとって考察を試みた。結果として、個々の人が社会へ参画しやすくなるための手がかりを得たのである。日本各地をフィールドワークした民俗学者の宮本常一《つねいち》［1907-1981］が『忘れられた日本人』（１９６０）で取り上げた島や里山に生きる人たち同様、現代社会で普通に生きている生活者の声も、普段は聞こえてこない。このような声なき声を聞いてこそ個と社会の矛盾を解決する術が見つかると考えた。本書で読者にその声を届けるとともに、個の活動が活かされやすい鍵を整理することにより、本書が、個々の人が息苦しさを感じずに生きられる社会づくりの一助になれば幸いである。

# 第1章　まちライブラリーが生まれた背景と基本概念

## 無力感が生まれてくる背景

「私なんか何を言っても無駄」「僕の力ではどうにもならない、しょせん大きな組織や資本がなければ何もできない」こう思っている人は多いだろう。私もその一人であったし、今もその葛藤から抜け切れているとは言えない。組織の一員として働き、仕事に人生の夢を託したつもりでも、その成果は組織のものとなり、ライフワークにはできない。昼も夜も家事をし、子育てに明け暮れる女性の中にも、誰のための人生なのかと自問する人もいるだろう。少しでも誰かの役に立ってみたい、社会に意味のあることをしてみたいなど生きた証を求めている人も多い。このような無力感は、いつの世にもあり、今に始まったことではない。しかしながら現代のグローバル化が進む社会で、同じような無力感にとらわれる人が増えているように思う。グローバル化は、我々の生活にどのような影響を与え、どのように意識に変化をもたらしたのであろうか。同時代に生きる一人として、私自身がみてきた変化を振り返りたい。

情報通信と交通手段の発展によって世界が小さくなり、誰もが国境を越え、大陸をまたいで移動できる時代が到来したと言われているが、同じようなことは18世紀に産業革命が起こり、蒸気機関の船や汽車で移動できる時代にも人はすでに経験していた。技術革新による社会変革が、生活者の意識を変えているという点では現代と同じであろう。ただその規模とスピードがかつてないほど大きく、速く、世界の経済のみならず政治や文化、社会生活への影響が大きくなっている。

私が会社に入った1980年代初頭は大型コンピュータ全盛の時代で、情報化時代の最先端を走る企業と目されたIBMが世界の頂点に君臨しているように思えた。日本企業もIBMのコンピュータを研究し、それと互換性のあるコンピュータを作ることに心血を注いでいた(1)。その後、パーソナルコンピュータの時代(2)が訪れさらにスマートフォン(3)とインターネット技術の融合により、誰もが世界のどこからでも情報にアクセスし、SNS等で広く情報を発信できるまでになったのである。およそ30年から40年を時間軸として起こった情報通信における大革命であった。私も当初は、デジタル革命が個々の人の表現力や想像力を開花させ、組織に依存しなくても個人が活躍できるバラ色の未来がやってくるのではという無邪気な期待をもっていた。しかしながら実際は、GAFA(4)と呼ばれるような米国企業が提供するインターネット上の生活様式が人々の生活に浸潤するにつれ、その巨大組織の力による影響力は国家をも凌駕し始めている。もちろん我々は、かつてないほど多様な人とネット上でつながり、情報をやり取りし、便利な生活をしていることも事実である。しかし、そのような社会の中で個々の人に戻った我々は、自らの存在感が、年月を経るごとに希薄化していると感じざるを得なくなっているのではないか。長く続く近代化の中で、個々の人が、心身ともに豊かで安全に暮らせる社会を目指したにもかかわらず、無力感が増大していっているのはなぜだろうか？　そして、そのような無力感を持つ個々の人が抱いている思いを活かせる社会をつくる鍵はあるのか？　私にとって、その問いに応えるのがまちライブラリーであり、その活動の意味を伝えたいというのが本書の意図である。あえて「個々の人」という言い方にしたのは、以下のような理由からである。

「国民と国家」「市民と地域社会」「学生と学校」「社員と会社」など、それぞれの集団の属性により「個々の人」の呼び方は変わる。しかもそれぞれの属性にとらわれたステレオタイプなイメージが定着しがちである。我々は、それぞれの立場を自らの意思で使い分けしているというより、それぞれの属性に振り分けられ、その属性に対応したふるまいに左右されがちだ。振り分けられた自らの立ち位置を意識し、場合によってはその位置づけに縛られる。一人の女性であり、妻であり、母であり、役所の職員であるという風に、属性に合わせて自らを意識する。だからここでは、なるべく属性にとらわれない呼び方をするために「個々の人」という呼び方をしたい。素の個人に戻った場合、みな一人の生活者であるという意味であえて「個々の人」という言葉を当てはめたい。全体と個人の相対的な関係にとらわれないで、個人の在り方を考察するためだと理解していただきたい。

## 私がみたグローバル化

「グローバル化」という言葉にも定義が必要であろう。私の体験に基づいて「グローバル化」の過程を振り返ってみたい。私が会社に入った1981年（昭和56年）頃においては、「グローバル化」という言い方より「国際化」「インターナショナル化」などと言われるのが普通だったように思う。当時を振り返ると社会や会社の雰囲気もまさに昭和であり、今から考えると不思議な光景がそこかしこに展開していた。大学卒の男性は総合職、女性は一般職採用が慣例で、(5)女性社員は男性社員にお茶出しのサービスをしていた。職場の机で喫煙しながら仕事をする人があたりまえで、今から考えると同じ国なのかと思えるほど隔世の感を覚える。その頃の日本は、高度成長を終え、オイルショックをはじめ、幾度もの世界経済の荒波を乗り越えていた。もちろん商社や大手メーカーをはじめ世界各地に商品を提供する企業は存在し、日本企業の世界的な評価も高かった。しかし、それら多くの企業もグローバル企業とは呼ばれておらず、国際的な販売戦略を主眼とする輸出企業として君臨してはいたものの、現在のグローバル企業のように多国籍な資本や経営形態で構成されているものは少なかった。

そういった時期の1986年、私が所属した会社、森ビルは東京の赤坂・六本木一丁目に「アークヒルズ」(6)という複合再開発事業を完成させる。超高層のオフィス、同じく超高層のホテルや住宅、テレビ朝日の放送センター、サントリーホールを擁する大規模な再開発事業である。霞が関の官庁街、新橋、虎ノ門のビジネス街、赤坂や六本木の繁華街に近接しながらもあまり注目されていなかった赤坂一丁目と六本木一丁目に忽然と姿を変えた街が誕生し、東京にいる人たちの関心を大いに引いたものである。とくに意外だったのが、丸の内、大手町にしかオフィスを構えないだろうと言われていた外資系金融機関が、アークヒルズにオフィスを移転したことであった。とりわけ広くスペースを借り、存在感を放っていたバンク・オブ・アメリカ（BOA：米国カルフォルニア州本店）をはじめとする米国の金融機関を中心に、20行近くが集積したのである。ちなみにその後、外資系金融機関として大きな存在感を持ち六本木ヒルズ森タワーで数フロアにわたりオフィスを構えるようになるゴールドマン・サックス証券もこの集団に入っていたが、当時の賃貸面積は極めて小さかった。

このような集積が起こった背景には、世界の政治、経済における変化があった。1979年英国ではマーガレット・サッチャー政権(7)が誕生、米国では81年、大統領にロナルド・レーガン(8)が就任する。翌82年には、日本でも中曽根康弘政権(9)が誕生する。このように英米日に誕生した3つの政権は、それぞれの国民の支持と反駁を生みながら、長年にわたり国、自治体や公的機関が独占していた社会活動において民間企業にも門戸を開放することを推し進めた。官僚性の弊害から脱却し、民間企業に公的部門への参画を認めて国の経済を活性化させようとする動きである。サッチャーは、「鉄の女」と呼ばれたとおり、戦後築かれていた「ゆりかごから墓場まで」と形容される社会福祉国家の英国に強固な政治姿勢で鉈を振るい、「英国病(10)」と長年言われ沈滞していたイギリス社会の雰気を一掃する。レーガンは、「レーガノミックス(11)」と呼ばれる規制緩和と大幅な減税政策を柱に米国社会のかじ取りを変更していく。とくに金融の自由化を柱として、長年、金融機関の足かせとなっていた「グラス・スティーガル法」[12]を緩和し、それから歴代の政権を経て20年近い時間をかけて自由化の扉を開けつづけたのである。そもそも同法は、大恐慌後の米国において商業金融機関を連邦政府がコントロールする目的で制定されてきたものであったが、時代に合わなくなってきたということで金融持ち株会社の設立も認めて、商業決済銀行と投資銀行や証券会社などを同一の資本傘下におくことができるようにしたのである。結果、日々の金融決済を行う商業銀行や顧客からの売買手数料で稼ぐ証券会社より、自己資本で投資を行う銀行や証券会社が大きく伸長することになる。前述したゴールドマン・サックス証券のような金融機関が力を奮う領域が増えてきたといえる。

日本においては、「中曽根民活」と呼ばれる国鉄、電電公社、専売公社、日本航空の民営化が始まった。都市開発の面でも公共用地の民間活用ということで、東京都新宿区西戸山の国有地を民間業者が再開発することになったことが話題になった。前述のアークヒルズは、純粋な民間企業が地元との確執を乗り越え再開発組合をつくり、17年の歳月をかけて市街地再開発事業として完成させたものであるが、タイミング的に民間における公共的な事業として注目を浴びた。その後、この「民活」の旗印のもと都市開発神話が生まれ、積極的な金融機関の貸付を背景に、企業の土地取引も活発化していくことになるが、これはバブル経済を生み出す原因となった。1989年に日経平均が最高値をつけたのをピークとした数年がつづくが、しだいにバブル経済に影りが見え始め、97年に山一証券が破綻したことを象徴に、一気に景気が落ち込んでいった。その後、長い間日本経済の後退が続く。「失われた30年」ともいえるような長き年月の中で、日本企業はその存在感を徐々に失っていく。一方、90年代頃から米国を中心にIT企業が勃興し、金融業とも密接に連携しながらグローバルな経済、社会活動に事業を展開し、それらのサービスが社会に浸透していった。世界中の人々がGAFAとよばれる企業群に代表される、おなじITプラットフォームの中に日々の経済活動や生活基盤を置くようになった。このような米国を中心とする価値観は、政治、経済、社会、文化を通して我々の生活に浸透すればするほど、気づかぬうちに我々の社会観にも影響を及ぼした。世界中のどこでも、誰でも同じ物に触れ、同じものを手に入れられるのが当たり前になり、それこそが我々の生活向上につながると考えるようになった。「我が町に米国ブランドのコーヒーショップがないのは発展に乗り遅れている」、「24時間利用できるコンビニ店が近くにないのは不便だ」と考える生活観である。同時に、これら汎用的な商品やサービスを提供する企業は、生産やサービスの効率化を図るためには働く人の質を一定化する必要があると考え、規則やマニュアルを整備して均質な人材を育成すべきだと考えるような流れになる。もちろんこのような均質化は、近年のグローバル化の流れのみによって成立したものではないが、近代化という流れが、グローバル化とIT技術の発展を絡めて収斂し、強化されてきたといえる。私が考えるグローバル化とは、このような効率化という資本の論理を基盤にした政治、経済、社会、文化活動の世界的規模での汎用化である。

## グローバル化がもたらした息苦しさ

グローバル化の基底には、サプライサイドエコノミクスとも新自由主義とも言われる経済思想の流れがある。民間資本を中心に社会を維持することにより官僚制度の弊害から脱却し、真に自由に社会活動ができる道が開かれるという期待が醸成されているため、今日なお期待を持つ人が多くいる。しかし同時に大きな弊害を生んだことも、徐々に周知されるようになった。国内外での経済格差を拡大させ、勝ち組、負け組という色分けがはっきりしてきた。また社会の中で長年にわたり蓄積してきたインフラや制度だけでは、社会の課題に対応できなくなっているのではないかとも言われている。またその結果、公共の役割がおろそかになり、すべてが資本の論理で動く社会にもなってきている。企業活動においては、株主資本主義と言われ投資家だけが企業を支えているかのような錯覚を生み出している。社会学者のジグムント・バウマン［Zygmunt Bauman：1925-2017］は、『グローバリーゼーション――人間への影響』（１９９８）の中で、企業を買収し、分割して売却するなどして莫大な利益をあげていたアルバート・J・ダンラップの「会社は、それに投資する人びとのものである。従業員のものでもなければ、出入り業者のものでもないし、会社のある地元の人間のためのものでもない」という発言を紹介し、これは投資家以外に企業活動の方向性には口出しさせないとする宣言であったとしている。そして、当初はその意図することは社会の反発を受けたが、サッチャー政権誕生から数年で受け入れられ、四半世紀を経て定着したと指摘している。結果として企業がもつ社会の公器としての役割が否定されるようになった。さらに行政などの公的機関でさえ、本来持っているべき役割を喪失しつつあるともいえる。例えば、税金の有効活用を旗印に、その使途をＫＰＩ（重要業績評価指標）など数値目標化して評価し、効率が悪い公的な活動は中止するような議論が常識になってきた。さらに、民間企業が積極的に公共事業に携われるように制度が整備され、ＰＦＩ事業[13]や指定管理者制度[14]を活用した福祉施設や文化施設の運営が行われるようになった。水道事業や空港などの社会的資本でさえコンセッション方式[15]により民間に運営を委ねるようになった。その結果、多くの国で資本の論理が優先される公共政策が主流になり、公共事業における公的部門の価値は縮小していくようになってきた。これらの現実は、今日、脱新自由主義を訴える経済学者が指摘するように、資本主義が行きついた結果ともいえる。

現代社会で私が考える最大の課題は、資本の論理で全てが動くようになったということだけではなく、社会全体に組織の視点が優先され、個々の人の視点が看過されているということである。とくに資本の自由化という名のもとに、経済に関する価値観や組織における統制システムなど、米国型の経営システムに準拠する考えが浸透することで生活の隅々までが汎用化し、人々も均質な社会を求めるようになったことである。結果、それぞれの地域、国で培われたものが消えうせ、近代化の中で生まれてきた「個」を大事にする社会観が揺り動かされているともいえる。本来、社会の構成要員の１つ１つは、個々の人である。その集合が、組織であり社会であり、国家ということになるが、今日では企業組織を中心にした社会観が定着してきたといえる。もちろんこれに対して、人は社会的な動物であり、集団としての役割の重要性に視点を置く考えもある。さらにそもそも近代というものが、あまりにも個人というものを注視し過ぎたために、個々の人の自我が自らを苦しめているという考え方もある。こういった個人と社会全体をめぐる問いは、ドイツ人社会学者のノルベルト・エリアス［Norbert Elias：1897-1990］が「個人と社会の間で思考を進めてゆく際に頻繁に現れるように見える溝を埋めることは、簡単な試みではない」（邦訳2000、25頁）と指摘するように、容易に解決できるような課題ではないだろう。しかしながらそのような視点を踏まえても、一人一人の人生を考えるなら、その人自身が自らの人生の中で自らの社会的価値観を実感できることを大切にしていく社会が大事であろう。私は、極めて限られた領域ではあるが、まちライブラリーの実践と観察を通し、それを研究して分析することによって、個々の人それぞれの役割が活かされていく社会形成の鍵を見つけていきたいと考えたのである。

## 森ビル時代の社会人教育活動

前章で、社会に一石を投じるつもりでまちライブラリーを始めたと述べたが、実際はもっと卑近で身勝手な感情が先んじて活動は開始されたというのが正しい。

私は、森ビルに入社した翌年、1982年から当時の社長であった森泰吉郎《たいきちろう》氏の広報、秘書を担当していた。その後、86年に六本木ヒルズの再開発現場で地元交渉にあたるのであるが、87年後半からは森氏が始める小さな私塾「アーク都市塾」(16)準備のため事務局担当となった。そして翌88年には当該事業がスタートした。森氏がかつて大学の教授であったこともあり、新しい時代に対応するためには新たな人材育成が必要であるという考えから始めた社会人教育であった。専門領域を超え、大学や専門学校の枠を超え、実践的な活動を通して学ぶ場が必要であるとの思いで始まった。当時、東京大学、早稲田大学、慶應義塾大学の現役の先生方や文化服装学院の学院長などが協力し、都市、ハイテク、ファッション、マルチメディア、建築やまちづくりの哲学といった分野を半年で学べる社会人学校がアークヒルズ内にある超高層オフィス、アーク森ビル地下4階に設立された。今日のソーシャル・ユニバーシティといえるだろうか。それぞれの分野の専門家や実践家による講義やゼミで構成され、半年毎に200名近い社会人が受講していた。私はまだ29歳の若さであったが、事務局の責任者として配属され、日々この運営にあたっていた。しかし93年に創設者であった森氏が亡くなり、その後この社会人教育活動をどうするかが会社の課題となった。創業者による活動とはいえ、会社の枢要な事業とはいえず、また事業的に収益を生み出しにくいため中止する声も聞こえてきた。それなりに心血を注いで立ち上げた私としては、ここで終わらせるのはもったいないという気持ちで、創設以来の森氏の相談役であり、またこの活動の中心人物であった東京大学教授（その後、慶應義塾大学教授、早稲田大学特

アーク都市塾

命教授）で都市計画の第一人者である伊藤滋氏を頼り、相談した。私は伊藤氏に塾長を務めていただき、教育事業をひきつづき支えていただくことを提案した。この案は結果として会社としても了解しうるものとなった。その後、伊藤氏が慶應義塾大学ＳＦＣキャンパスの教授になり、森泰吉郎氏の遺志で同大学に遺産贈与があったこともあり、慶應義塾大学との連携を深めるべく、「アーク都市塾」の場所を同じビルの上層階に移設した。これによりその場所は、慶應義塾大学のサテライト教室としても使えるようにした「ＡＲＫ（アーク）アカデミーヒルズ」[17]という産学連携と教育の場となった。その後、同所を大正大学や早稲田大学も共同で使用することになるなど、大学院村の様相を呈することになる。96年から98年の頃である。都心部で大学の新増設は、「工業（場）等制限法」[18]により認められていない時代であり、当初は東京都の担当から「大学の新増設はできないことになっているが」と問いただされ、慶應義塾に対応してもらったこともあった。その後２００２年に法律が廃止され、各地に大学のサテライト教室が作られることになるが、その先駆けともいえる事業だった。さらにこの活動は、２００３年には六本木ヒルズにおける文化事業として「六本木アカデミーヒルズ」という教育事業、カンファレンス事業、会員制図書館事業を擁する大規模な文化施設へと展開していくことになる。私はこれらに関する企画と運営に責任者として携わっていた。事業としては、規模が拡大し、活動内容が充実し、社内外での認知も進んだ。しかしながら私自身、そして職場で働く仲間の中でも目線の違いが生まれてくる。

「アーク都市塾」のような小さな私塾のままでは、社会的な認知も少なく、安定した継続事業に

六本木アカデミーヒルズ
（上右）ライブラリー
（上左）個室ブース
（下）カフェスペース

なりえないという思いから、有名大学との連携や人的なつながりを持つことにより、アカデミーヒルズのブランド力の増加を図った。同時にカンファレンス事業や会員制図書館という現在のコワーキングスペースに近い形態の事業で安定した収益を得ることにより、活動資金の拡大を図ったのである。事業計画上はある程度その成果も出ていたのであるが、私自身の目も会社の目もその収益的バランスや活動のブランドアップ、ひいては六本木ヒルズのブランド強化に傾いていくことになる。かつて小さな私塾をやっていた頃の「志」やそれに共感する人たちとのつながりは、日々薄れていった。事業管理とは、結果として数値管理になり、手伝ってくれるスタッフや社外の人とのつながりへの思いがおろそかになっていったのである。結果として、私の不徳の致すところもあり、会社の命令で、

18年にわたり携わってきた部署を離れることになる。2005年のことである。

## 六本木アカデミーヒルズの夢やぶれ、模索の時代

「アーク都市塾」から育ててきた森ビルの文化活動の到達点にもなった六本木アカデミーヒルズを離籍し、目標を失った頃から、私の模索が始まった。当時の思いを振り返ると、誰も見向きもしない活動を大きくし、社会的な認知も内容の充実も図ったのは自らの力だという思いが強すぎて、新たに手伝ってくれる人への思いが足りなかったと反省する。同時に会社の論理としては、効率の悪い事業を削減し、効率の良い事業を伸ばすために、前社長の思いから始まった私塾「アーク都市塾」も結果として終了せざるを得なくなった。長年にわたり、志を継続するために様々な活動を組み合わせて生き残りを図ったものとしては、忸怩たる思いであったが、どうにもできる立場ではなかった。

その後、私自身は、自らの手で文化的で事業性もある活動を成立させられないかと模索する。「サードプレイス研究会」という勉強会を立ち上げ、六本木ヒルズで始めた会員制図書館のようなものを全国各地に広げるためのビジネスモデルを考えては、研究会の仲間を募り、投げかけていた。仲間といっても、数名の社外の勉強会等で出会った「これは」と思える人たちであった。現在考えられているコワーキングスペースやカフェに併設するライブラリー空間をフランチャイズシステムで広げてはどうかというものである。今思うと、それは当時の私にとって長年にわたり携わり、自

ら育ててきたアカデミーヒルズの喪失感を埋める活動であったと言わざるを得ない。とくに六本木アカデミーヒルズで提案し、実行した会員制ライブラリーは、本棚のある空間をシェアして使える月額６千円（現在1万4千円）の会員と、占有の個室ブースを使用できる月額６万円の会員に分かれていた。前者の６千円の会員は、カフェで仕事をする人が増えてきており、このようなニーズは必ずあると主張し、会社からはうまくいかないと言われるなかで実現させ、実際に会員総数も３千名にも達したことから、今日のコワーキングビジネスの先駆けになったという自負もあった。その事業を各地に広げることを考え、立場が変わってもこのような事業を遂行できるか模索したのが「サードプレイス研究会」であった。しかし、簡単にこれにつきあってくれる人もおらず、一部のスタッフや上司にも相談していたが、志半ばであきらめざるを得なかった。

そこで、まずは実家のビルで試しにやってみようと思ったのが、まちライブラリーのはじめの一歩である。２００７年から２００８年のことだ。大阪市中央区の小さなオフィスビルの一角に13坪程度のライブラリーを設置した。しかし、その頃は、現在考えているまちライブラリーとは概念も目的も異なっていた。「サードプレイス研究会」で考えていたのは、ライブラリーのあるコワーキングスペースであり、カフェの新しいモデルづくりをしたかったのである。しかし、小さなビルでしかも古いビルであり、現実は理想とは程遠く、フランチャイズのモデルになるようなものはできないと悟らざるを得なかった。そこでビルの入居者や近隣の方が利用できるようなリビング空間的な場所にできないかという思いを柱に、手探りで始めたのである。だが、手探りで始めたことで、結果として当初の試みを修正することができ、人との偶然の出会いやチャンスを生んだともいえる。コワーキングスペースやカフェなどに併設されるビジネス的なライブラリーの利用というものではなく、テナントや近隣の人たちの会合に使われる場所となったのである。今日のまちライブラリーの姿が見えかくれしてきたともいえる。しかし、東京に住む私にとっては、大阪の地での活動は、夏休みや正月休みに参加できるかどうかというものであり、会社での多忙さもあって広がりを見せるものとはならなかった。結局、資金、運営のための組織など現実の壁に阻まれ、構想はいったんお蔵入りする。

## 若者から得た「まち塾@まちライブラリー」の理念

その後、私は森ビルの広報担当の役員になり、さらには新規事業の立ち上げを担当するなど大阪のライブラリーのことを考える暇もなく過ごしていた。ところが2010年にさらなる挫折を味わう。新たに担当した新規事業での組織、スタッフとの軋轢の中で大きな転機が訪れ、役員を辞職することになった。

心身ともに疲弊し、数ヶ月休職する中で、思わぬ出会いがあった。友廣裕一《ゆういち》氏という当時26歳の若者である。友廣氏は全国80近くの限界集落を歩いており、その経験を聴く勉強会があったのだ。そこは普段は新規ビジネスで成功した人が話題を提供する場であり、自慢話に終わることも多かったので、あまり気が進まない会であったが、重い腰をあげて参加することにした。彼が提供した話題は、役所のいうところの生活インフラを維持できない限界集落を、ヒッチハイクと居候で旅をし続けているというものであった。農業、林業、漁業などを営んでいる集落の人が、若い彼に寝泊りと仕事の場を与え、飲食を提供し、次の移動先まで紹介してくれる。日本で一番贅沢な旅をしたと彼に言わしめるような体験談であった。多くの人を惹きつける彼の人間力に驚愕するとともに、私にとって最も印象深かったのは、彼が旅の目的を参加者から聞かれた時の答えだった。彼はぽつりと「(旅の目的は) とくにない」と答えた。多くの聴衆ががっかりしたようだったが、私にはこの答えに大きなヒントがあるように思えた。会の後、そのことを再度彼に聞き直していると、旅の途中で友廣氏の中で徐々に旅の目的といったものが変化し、かような答えになったことが理解できたのである。当初、彼は地域の仕事に関わる就職先を退職し、実際に自らの目で地域を見ようと、自分探しの旅に出たと思われる。しかしながら、さまざまな人の助けと支援を受け旅を続けるうちに、逆に自分がその人たちの支えにもなっていることもわかってきたのである。お年寄りの家で、長年片付けられなかった荷物を片付ける。地元の人の昔話を夜じゅう聞いてあげる。そのようなたわいのないことでも多くの人が喜び、頼りにしてくれることに気づき、自らの目標や課題を解決する目的で旅を始めたのが、いつのまにか目の前の相手が喜ぶ顔を見たくて旅を続けていた。そのために「旅の目的は?」と聞かれても咄嗟に答えが出なかったのではと推察できたので

友廣裕一氏

ある。このことに気づいて私は、自ら仕事をしてきた数十年を振り返った。名刺を交換した多くの人や仕事仲間のために何かをしたわけではなく、自らにとって有益な人かどうかを無意識に峻別していたのではないだろうか、そういった損得勘定が働いていたのではないだろうか、その結果、お互いに立場が変われば、疎遠になる人生だったのではないだろうか、そんな気持ちにさせられた。彼にこのことを伝えることはなかったが、気持ちのうえでは彼の弟子として彼から人との付き合い方を学びたいと、様々な旅に同行させてもらうことにした。そうして彼なりの人間関係のつくり方を見聞することになったのである。

さらに友廣氏は、まちライブラリーにとって鍵となるもう一人、友成真一氏を紹介してくれた。友成氏は、元通産省（現経済産業省）のキャリア官僚であったが、マクロ政策からは答えが見えてこないと早稲田大学の教授となり、ミクロの視点から課題解決を図る「自分経営ゼミ」なる講座を展開していた。個々の人間が生きるうえでの自らの課題と向き合い、それを身近な方法で解決していこうとすることを大事にする発想法である。この方法論に疑いをもつ方もおられるだろうが、私自身もそのような気持ちを持ちながら、実際のゼミに参加させてもらった。50名近い学生が、それぞれの夢を語り、それを実行する方法を説明する。世界平和を実現したいといった壮大な夢を語る学生が、なぜ世界平和なのかを語るうちに、徐々に外国の人とたくさん話したい、出会いたいといった身近な目標を語りだす。それを解決するアイデアを、ゼミに参加しているメンバー一同が前向きな方策や応援のメッセージとして、「YouME（ゆめ）シート」と呼ばれるシートに書いて本人に恭しく手渡すのである。少し子どもじみた作法であると感じたが、私自身も自らの「まちライブラリー」の淡い話をするとたくさんのメッセージが寄せられ、大いに勇気づけられる体験をした。一見マクロ的な夢の中に我が事としての夢が隠れていることに気づかされるのと同時に、自分の夢をかなえようとするよりも、相手の夢を受け止めてそれを応援する中でこそお互いに幸せな気持ちになれることを学んだといえる。他者の夢を応援し、それが実現することが、自己充足に変わるのである。また、友廣氏と旅を共にして、地域を見たいという彼の夢が、目の前の他者の喜びを応援することになり、結果として自己の充足感になることが、旅を続けながら体感的にわかってきたのだった。このように若き師匠との出会いと「自分経営ゼミ」の手法の体験により、まちライブラリーの理念がゆるやかに形成されていった。

活動の当初は、「まち塾」と称した勉強会的なイベントを立ち上げ、関係の深い場所で実施した。例えば、東京の西小山でBAR&ラウンジをやっている場所では、そこのオーナーの建築士を囲んで話を聞いたり、まち塾やまちライブラリーの夢を私が語ったりした。そのような活動をゲストハウスやカフェやお寺でやりながら、仲間を見つけ、その場所に参加者が本を持ち寄るという活動を、「まちライブラリー」と名付けていた。

しかしながらこの段階では、「まちライブラリー」というより、「まち塾」が柱であったと思う。前述したように私は、森ビルの創業者が始めた私塾「アーク都市塾」に長年携わってきたので、自らもその塾に育てられたとも考えていたからである。その私塾の思いを引きずって「まち塾」と名付けたのだ。「まち塾」の活動が中心で、その活動が行われる場所が「まちライブラリー」になればよいと考えていた時代である。だが、イベントは一過性のものとなり、継続的な活動は実施できなかった。その中で、次章で紹介するISまちライブラリーは、長年にわたり継続して活動することができ、その結果、徐々にまちライブラリーの知見が蓄えられ、活動の骨格が生まれてきたのである。

まちライブラリーは、けっして大きな社会的目標をもって始められたわけではない。どちらかというと私の個人的な思い、それも組織から離脱した活動をしたいという身勝手な思いで始められた。しかし、そのような後ろ向きな視点では活動は浮揚しなかった。身近な生きがいを見つける活動となって、ようやく回転し始めた。生きがいを求めていたのは、他ならぬ私自身であり、その活動が癒しになり、結果として他の人にそれが伝搬し、様々な人の主体的な活動となって広がっていくのである。

## まちライブラリーの仕組みと基本概念および活動原理

そうして始まったまちライブラリーの仕組みと基本概念および活動原理について説明する。きわめて簡単で、蔵書を活用して、生活空間の任意の場所に本を置き、その場所を「まちライブラリー」という私設の図書館にするというものだ。その場を核に本や人との出会いを目的とする活動であれば、名称に「まちライブラリー」と付しても、また独自の名称でも構わず、蔵書も自らのものでも寄贈本を受けて集めてもどちらでも構わない。蔵書のテーマや内容に関しても、特定のテーマを決めても決めなくてもどちらでも構わず、また貸出をしてもしなくてもよい。よく言えば融通性があり、自由だが、定義があいまいである。かつてビブリオバトルを提唱された谷口忠大《ただひろ》氏に「自分が『まちライブラリー』と言えばまちライブラリーになるのですか？」と首をかしげられたことがあったが、「本を核に活動してもらえれば結構です」と答えた。規則もルールも手法も曖昧なのが「まちライブラリー」である。本を活用した活動をしたいと思う人であれば、誰でも手を挙げてもらえるというのがまちライブラリーの基本概念である。中には、場所も不特定で公園や喫茶店で随意に開催する本の活動をまちライブラリーだと称している人もいる。開始にあたっては、まちライブラリーのホームページを通して無料で運営者登録でき、登録申請をしてもらうとホームページにその名称、特色、場所、写真など情報が掲載され、誰もが閲覧できるようになっている。

活動は、以下の5つの軸を原則とした。

①小規模な本棚や本でも活動でき、個人でも気軽に始められる。
②本を媒介として、本を通じて人とのつながりを感じる活動を推奨する。
③生活空間に本棚を併設し、特別な場所を必要としなくてもよい。
④普段の活動に本の活動を付加することで、専任の図書活動としなくてもよい。
⑤ゆるやかなネットワークを構築し、お互いの活動を見えるようにする。

これらをまちライブラリーの活動原則にし、なるべく負荷がかからず、気軽に始められるようにした。活動を始めるにあたって組織を組成したり、特定の場所や人を配置したりするより、現状の生活に併存する形で対応できる形態にした。同時に、本をアイコン化することにより活動の特色を出し、誰でも活動の意図をくみ取れるようにした。さらに活動をゆるやかにネットワーク化し、他の人にも活動全体が見渡せるようした。これによりお互いの活動が垣間見られるようになり、社会的に存在を知らしめ、運営にあたっての知見を共有しやすくした。以上が、まちライブラリーの活動原則であり、従来の私設図書館にない方針といえる。あくまでも運用したい人が、やりやすいようにすることを第一義にした。

このようによく言えばフレキシブルな、批判的にみれば曖昧な仕組みであるが、目指すところは、本に関係する活動や場づくりを誰でも、どこでもやりたいと思えればやれることであった。前述したように、私自身も様々な思考を重ねてまちライブラリーにたどりついた。本に関する活動をしたいという気持ちがあっても方法論で壁にぶつかることもある。逆に方法や目的ばかり考えて、その方法論に固執する人もいる。自らやりたいと思うことと他者がやりたいことにはずれがある。それをマニュアルなどの方法論で縛ったり、活動の目標やねらいを押しつけたりするより、本を活用するという1点だけでゆるやかなネットワークを作る方が自由で気楽に参画しやすいと考えた。私も普段から特定のネットワークや団体に入ることのわずらわしさを感じており、そのような団体の規約や方法に従属することで汲々とするのは疲れるし、むなしいと考える方なので、他の人も同様に考えると想定した。結果として様々なまちライブラリーが誕生しやすくなるとも考えた。ネットワークを作らず単独で活動すると自由にやれるが、不安が先立つこともままある。私も活動当初は、こんな小さな私設図書館活動をしていて意味があるのだろうかと考えることもあった。時にはお金にならないのになぜやるのかと言われたこともあり、無駄で意味がないことをやっているのではと悩んだりもした。物やサービスなど人間の活動には、ある程度の模倣が大切であり、同種の活動をしている人を確認できることでお互いに勇気をもらえるし、それらの集合知が現実の活動には欠かせない要素ともいえる。そう考え、登録をしてもらうことで他の人の活動を見られるようにした。

ただ、ビジネスの世界のようにフランチャイズシステムのような考え方は排除したいと考えた。そのような方式は、本部がフランチャイジーをコントロールするだけで、実際に運営している「個」の活動が生き生きしないと考えたからである。「本を核に本や人との出会いを目指す活動であれば、まちライブラリーとする」いうゆるやかな定義で、多様な本の活動をつないでいったのである。以上がまちライブラリーの枠組みである。また、同種の本を活用した私設の図書館活動については、まちライブラリーの活動が始まる前からも多数あり、それらの活動を、まちライブラリーも含めて「マイクロ・ライブラリー」と称することにした。そのことについても以下に説明しておきたい。

２０１３年、大阪府立大学が難波のビルにサテライト「I-site（アイサイト）なんば」[19]を設置した折にまちライブラリーを併設した。その際、大阪府立大学のまちライブラリーをベースに全国の小さな図書館活動をお互いに紹介しあう大会を実施し、「マイクロ・ライブラリーサミット」と命名し、大会の内容を『マイクロ・ライブラリー図鑑』（２０１４）という本にまとめて発表した。詳細はこの本を参照されたいが、この中で私は、大会の目的を3つあげている。(1)個人ないし小規模なグループによる図書館活動が図書をとりまく新しい環境を作り、本を通じて人とつながる場になること、(2)マイクロ・ライブラリーを運営している人同士がつながり、お互いの知見や思いを交換し、さらなる発展につなげること、(3)「個人」と「社会」の役割を考え、社会における「個人」の役割の重要性を再認識すること。まさに本書で取り上げるテーマをこの時から掲げていたことになる。また、国立国会図書館からは「マイクロ・ライブラリー」の報告論文(2014)を掲載してほしいと依頼があった。この中で、マイクロ・ライブラリーを次の5つに分類することにした。(1)「図書館機能優先型」として愛蔵家等が、その蔵書を活用して私設図書館を実施し、貸出などを行っているタイプ、(2)「テーマ目的志向型」として少女漫画、河川の本、スポーツの本など特定のテーマ本を収集するなど、本収集を目的にした運営を行っているタイプ、(3)「場の活用型」としてコワーキングスペースや学習の場を利用する人をつなげ、交流などを目的に設置するタイプ、(4)「公共図書館連携型」として公共図書館が主体的に動き、地域に広げていくタイプ、(5)「コミュニティ形成型」として本を活用して人とのつながりを目途として活動しているタイプで、まちライブラリーに多いタイプとした。しかしその後、まちライブラリーの活動領域が広がり、現在ではすべてのタイプのまちライブラリーが生まれている。このように記載するとまちライブラリーとマイクロ・ライブラリーは違いがないことになる。両者の違いは、登録しているか、していないかの違いということになる。その意図を次節でもう少し掘り下げたい。

## 自生的に派生する活動と「社会的連坦」

まちライブラリーは共有のホームページを作成し、同様の活動をしている者同士が、お互いの活動を垣間見ることを可能にして、さらに新たにやってみたいと思った人や利用してみたい人が、地域別で閲覧、ないし実際に訪問できるようにした。このようなゆるやかなネットワーク環境を整備して、自生的な広がりが生まれるようにしたともいえる。なるべく組織的な力に委ねず、それぞれの内発的な動機や目的から活動を始めることが大事であると考えてのことである。組織体になると、数を増やすことに注力しがちで、そのために行政や企業の力で増やすことになりがちで、まちライブラリーを設置する趣旨ややり方も共有できず、形式的なものになり、活動自身が形骸化しやすくなる。人が集まる場所には、公民館、公共図書館、児童館といったような行政が関与して広がってきたもの、コンビニエンスストアやチェーン展開のカフェや居酒屋、レストランといった企業が主体となって社会的な存在感をもっている生活施設などがあるが、それぞれに役割を果たしており、その社会的認知は広がっている。これに対してまちライブラリーは、個々の人の活動が「社会的連坦」の形で社会的な存在になりうることを当初から目指した。ちなみに「社会的連坦」とは私による造語で、「連坦」というまちづくりの用語からとったものである。まちづくりでは、一定の建築物が連なっていることを意味するが、私としては個々の活動が自生的に広がり群生するさまをイメージしている。

明治以降、日本の近代化の中で、行政と企業の行為は明確に分かれてきた。その中であっても個人の篤志家による社会的活動は行われてきたが、近年、社会が成熟すればするほど個人の篤志家の活動もやがて組織化され、時間が経つとともにしっかりした活動母体がなくては維持できないものとなっている。大学を一例に見れば、帝国大学に対抗するように私学の重要性を訴えた福澤諭吉や大隈重信の成した行為は、歴史の一頁になっている。大きな社会変革が起こると、個々の人にもチャンスが生まれ、その熱意と先見の明をもって新たな分野を切り開くことも可能であったが、近代以降、社会が成熟する中で、そのような夢を個人が実現するのはとうてい無理であるというあきらめが先行する社会になった。よって組織力、資金力、制度といったものを拠り所にするのである。

これに対して組織や制度に頼らずとも個々の活動が積層し、社会的な活動になることを試みているのがまちライブラリーである。歴史上、個々の活動が社会的に広がりをもって受け入れられた事例は多数存在する。民衆の信仰心から生まれた「講」の制度も自生的な広がりを持つといえるだろう。「お伊勢参り」「富士山登拝」「金毘羅参り」などは自発的に集落で資金をため、代参者を送り出す仕組みである。成立の過程には所説あるが、その広がりは時の権力者や特定の組織が指導したものではない。生活の中で生まれた信仰への思いや生活上の知恵が基礎になっている。近年では、「子ども食堂」といった活動も広がりを見せている。家族の問題で食事も十分に食べられない子どもたちを支援しようと各地に「子ども食堂」が誕生している。その活動を広げる行政組織があるわけではなく、市民活動の一環として広がっている。第6章でも触れるが「子ども文庫」「地域文庫」

といった活動も60年代後半から広がり、現在もその活動は継続されている。このような自生的な広がりを持つ活動の特色としては、各地でその活動にそれぞれの工夫が加えられており、やり方や目的にも差異が生まれ、多様な展開になっている事例が多い。大人も来られる子ども食堂があるように、本来の目的を拡大して、それぞれの地域のニーズに合った活動になっている。

私は、このような市井の活動が社会の基盤にあり、個々の人が社会的に連坦することが重要であると考え、普及のための普及活動をしない形でまちライブラリーをやることにしたのである。そのためには、個々の人の動機が大事になってくるが、調査をして改めて多様な動機でまちライブラリーを実施している人がいることが分かった。個々の人の活動を社会的な活動にすることは、難しいように見えて、実は人間社会を構成する本質的な要素なのではないかとさえ考えるようになった。しかしながらその前に立ちはだかる社会は、個人にとってはとてつもなく大きく見え、個々の力ではどうすることもできないと考える人が多い。冒頭に述べたようにそのような空気感は、グローバル化し、世界が成熟していけばいくほど広がって支配的になっているように感じられる。このような閉塞感を打ち破るためには、どのような方法がありうるのか。本書では、まちライブラリーで節目となった事例を見ることによって、どのような個人がどのような場を生んだのかを整理し、検証していく。そしてそこから得た知見から個人の閉塞感を打破する鍵を見つけていきたい。

# 第2章　まちライブラリーの実践活動から得た知見

## まちライブラリーの沿革と節目になった活動

まちライブラリーの始まりをどこにするかは曖昧なところがある。2005年に六本木アカデミーヒルズを意に反する形で離籍し、「サードプレイス研究会」を立ち上げて自らの存在意義やビジネスモデルとしてのライブラリー活動を模索したが、前述したようにそれは立ち消えとなった。しかし、自分の中にあった新しいライブラリーの形を具現化しようとして、2008年に大阪の私の実家が所有するビルを改装して「ISライブラリー」（礒井の名のローマ字からとって）を設置する。その場所をテナントや周辺の人が会議室として利用する状況が続くが、主体的に活動を進められる体制ではなく、構想はお蔵入りとなる。活動前期と言える時期である。

次に前章で記したように、さらなる挫折を経て、2010年東京でまち塾@まちライブラリーの考え方を力づけてくれる若者や大学の先生に出会う。そのグループと2011年春から東京、大阪で「まち塾」と称した勉強会を実施する。このあたりがまちライブラリーの萌芽期といえるが、活動の名称は「まち塾＠まちライブラリー」であり、学び合うことが会の主眼で、テーマと会場を随時決めて開催し、開催する場所をまちライブラリーとして位置付けてきた。そのような状況が２０１２年頃まで続いた。この時期は、活動準備と実験的な設置が始まった時期である。

２０１３年４月に、大阪府立大学のサテライトキャンパスに併設したまちライブラリーが誕生したことをきっかけに、ようやく徐々にまちライブラリーの概念や方法論が確立していった。ここが40番目のまちライブラリーとして誕生した後、それにつづくように、まちライブラリーは大阪を中心に広がりを見せていった。また、周りを見わたすとまちライブラリー以外にも個性的な本の活動をしている人たちがちらほら現れてきていた。従来の篤志家による私設図書館でも、「子ども文庫」「地域文庫」でもない、本を柱にした新しい活動である。私はこれらを「マイクロ・ライブラリー」と呼び、これらの活動の知見を交換したり、応援しあう必要を感じ、２０１３年には、「マイクロ・ライブラリーサミット」と称した全国大会を大阪府立大学のまちライブラリーを会場に開催した。その発表内容をまとめた『マイクロ・ライブラリー図鑑』（２０１４）を発刊し、さらに２０１５年には『本で人をつなぐ　まちライブラリーのつくりかた』（２０１５）も上梓することができた。活動を通して、まちライブラリーの考え方が確立してきた時期ともいえる。

２０１５年４月には立命館大学大阪いばらきキャンパスが新設されるのに伴い、まちライブラリーをキャンパス内に開設することになった。地域に開かれたキャンパスを目指し、ガーデニングや里山づくりとともにまちライブライリーをつくることで、地域と大学がつながることを目的として開設された。80㎡ほどの規模のまちライブラリーで、コーヒーショップとレストランに挟まれるように設置し、キャンパスに隣接する公園からもすぐに入って来られるようにした。今では、近隣の方のサロンとして、シニアから学生まで多様な世代の人が触れ合う場として運営されており、3千冊以上の本に囲まれた場所になっている。

さらに同じ4月に、東急不動産が大阪市中央区森ノ宮の商業施設、もりのみやキューズモールBASE(1)にまちライブラリーを設置する。詳細は後述するが、大阪には、大阪府立大学、立命館大学(2)、もりのみやキューズモールとインパクトのあるまちライブラリーが立て続けに開設された。この流れを大阪エリアの文化活動にするべく、2015年4月から1ヶ月にわたり、「大阪ブックフェスタ＋」を実施する。この活動は、その地域に誕生したまちライブラリーと公共図書館、書店など本にかかわる活動をしている人たちに声掛けをして、各施設でイベントや展示会などを実施するというもので、冊子やホームページに掲載してそれぞれの活動が見えるようにし、人びとが各地を訪ねられるようにした。2016年からは、エリアを近畿地区と徳島県にも広げて、「ブックフェスタ関西」として広域なイベントとして実施した。期間内に延べで300近い場所で2万人以上の人が参加する活動に発展していった。そして、2020年は新型コロナウイルスの感染拡大の影響を受け、開催時期も秋に移し、オンラインを交えることにより、北海道から九州までのまちライブラリーや公共図書館、書店が参加する全国的な活動になった。

このようにまちライブラリーは、2015年以降、全国的に広がり、現在にいたっている。この間の流れを年表にすると、次のようになる。

活動前期　2005年　サードプレイス研究会立ち上げ
　　　　　2008年　大阪市中央区のビル内にISライブラリー設置
構想準備期　2010年　まち塾@まちライブラリー実行委員会設置
　　　　　2011年　東京・大阪で「まち塾@まちライブラリー」活動
実験設置期　2011年　ISライブラリーをISまちライブラリーに改称
活動確立期　2013年　大阪府立大学サテライトキャンパスに開設（蔵書ゼロ冊からのライブラリー）に伴い、非営利型一般社団法人まちライブラリー設立
　　　　　同年　第一回「マイクロ・ライブラリーサミット」開催（現在までに11回開催）
　　　　　2014年　『マイクロ・ライブラリー図鑑』発刊
活動展開期　2015年　『まちライブラリーのつくりかた』発刊
　　　　　商業施設「もりのみやキューズモールBASE」及び
　　　　　立命館大学大阪いばらきキャンパスに開設
　　　　　大阪地区の「ブックフェスタ」開催
　　　　　2016年以降、北海道から九州まで、全国に多くのまちライブラリーが誕生

２０２０年　コロナ禍で「ブックフェスタ」をオンラインで全国をつなげて開催
２０２２年　北海道千歳市で市民の署名で「まちライブラリー@ちとせ」復活
２０２３年　「まちライブラリー@ＭＵＦＧ ＰＡＲＫ」開設

このように、まちライブラリーを始めてからの10年あまりを振り返ると変革の節目になっているまちライブラリーがあることが分かる。次節以降でその３つを取り上げ、各々の活動が始まるにいたる経緯や活動内容、そこから何を得たのかを考察する。実験設置期の中からＩＳまちライブラリーを、確立期から大阪府立大学を、展開期からもりのみやキューズモールの事例を紹介したい。

### 本を介した自己紹介の効用、ISまちライブラリー

私がまち塾@まちライブラリーの活動を地道に始めるきっかけとなったのが、大阪市中央区にあるＩＳまちライブラリーである。このまちライブラリーは、前述したように私の実家のビルの一角にある小さなまちライブラリーである。２００８年に開設した当時は「ＩＳライブラリー」と呼んで、テナントや近隣の人の会合や打合せの場所になることを想定していた。「まち塾@まちライブラリー」という構想を考えてからは「ＩＳまちライブラリー」と名称も変えて、その場所で勉強会を数回やった。しかしそうした集まりを始めると、当初のスペースでは狭すぎることが分かり、隣接する区画に20坪ほど空いている場所があったので、その空間もまちライブラリーにすることにし

た。またそこにはブースを併設して、シェアオフィスのように利用する人を募集することで一部を収益化し、残りをまちライブラリーにしてさらに蔵書も増やし、理想の場所を作ろうとした。ただ、内装費にお金をかけるわけにもいかず、奈良県吉野村から節のある商品価値が低い杉材を調達してもらい、手作りで本棚や机、テーブルを作ることにした。幸いにもISまちライブラリーが入っているビルに木の建築を得意とする建築家の方がおられたので、彼の指導のもと、数名のボランティアの人が手伝ってくださることになった。

完成祝いをして、それぞれが本を持ち寄り配架したが、それからがいただけなかった。まちライブラリーのある場所は3階で、しかも普段は誰も管理をする人がいないので、ふらっと立ち寄ろうにも難しい場所であった。同じビル内にまちライブラリーに賛同してくれた人がいたので、その人に連絡してくれれば鍵を開けてもらえる旨を扉に書いたが、関係者以外誰も立ち寄ってくれないのである。考えてみればあたりまえのことであるが、空間が完成すれば来館者が来るという考えは甘いことを思い知らされた。数ヶ月経っても誰も利用しないので、いよいよ作戦を考える必要があると仲間に相談したところ「本とバルの日」というイベントをやろうということになった。近所に料理が得意な人がいて、その人が手作りの料理を作ってくださるというので、お料理と本を持ち寄る会をやることにより参加者を集めていこうとしたのである。2012年3月から毎月1回のペースで会を実施し、毎回仲間内で話題提供者を決め、参加者は本を持参し、できればその本を寄贈してもらい、最後に食事を楽しむという流れで進行した。工夫を凝らしたテーマと手作り料理の会は、大変人気となり毎回20名近い人が参加してくれるようになった。私もこの時に東京から大阪に赴くようにし、参加し続けた。

前述したようにこの頃のまちライブラリーは、「まち塾」と呼び、学び合いの会をやりながらその場所をまちライブラリーにすることを目指し、仲間に声を掛けていた。東京の西小山、入谷、四谷などのカフェ、ゲストハウス、お寺などで実施していた。大阪では、ＩＳまちライブラリーを中心に周辺のカフェ、ギャラリー、ショールームなどにも声掛けをした。それぞれのところで「まち塾」というイベントを実施し、その参加者に本を持参してもらい、会の冒頭に自己紹介代わりに本紹介をしてもらった。この仕組みは意外と好評で、通常の自己紹介より話がしやすい、主婦や学生など仕事を持たない人でも話すことができる、お互いに考えていることや感性を共有しやすい、などフラットなつながりを作るうえで有用であるという声が多かった。現在でもまちライブラリーでは、イベントや集まりをやる時に本を持ち寄り、紹介しあうやり方を実践しているところが多い。実際やってみると多くの人がその効用に気づく。自ら紹介した本の話を聞いてくれる楽しみ、喜び、他人が紹介してくれた本への尽きない興味や意外な発見などを感想として返してあげている。何よりも普段、人前で発言することをためらいがちな人でも、本を紹介することにより話ができた時の喜びは大きい。これらの反応を分析してみると、以下のようなことが言えるのではないだろうか。

集団で自己紹介をするときの気恥ずかしさは誰にでもある。初対面の人が多数であれば、なおさらである。その際に、１冊の本を通して話をすると意外と話がしやすくなるということに気づく。

このことを私は、大阪のおばちゃんの飴効果と言っている。大阪のおばちゃんは見ず知らずの人にも、カバンから1粒の飴を出して「飴食べる？」と聞いてきて、それを受け取った人とたわいない話を続けていくことができる気質を持っているといわれる。本当にそんなことがあるのかと思われる読者もおられると思うが、私も大阪で体験したことがある。まだ20代の頃だったと思うが、デパートの食堂で食事をした後、本を読んでいると、隣に座っていたおばちゃんが「兄ちゃん、飴いらん？」と聞いてきたので「いただきます」と答えると、飴を渡してくれて「随分厚い本読んでるな、何の本？」と、どんどん会話にひきずりこまれたことを覚えている。これは、飴という媒介を通すことで少し親しみが生まれ、相手との距離を縮めるからであろう。

この話をするとある人が、犬の散歩も同様の効果があると指摘してくれた。普段は道端ですれ違う見ず知らずの人に話しかけることはないが、犬を連れている人同士の場合、たまにお互いに声を掛け犬を褒め合ったりして立ち話ができることもある。これも犬という媒介によって人との距離が縮まり、心の扉を開ける効用があるのだ。このように、本という媒介物が初対面どうしの警戒感をさりげなく取り除いてくれることに気づいたのである。

さらに本の紹介は、より多くの人にとってフラットな気持ちで参加しやすいこともわかった。自己紹介の際職業を持っている人は話しやすいが、専業主婦やリタイア世代、学生などは引け目を感じる人もいるようで、本を紹介しあうことは社会的な立場をフラットにしうることも発見であった。ただし、読書会のように本を読んでこなければならないとなると、参加へのハードルを高くしてし

（上・中）IS まちライブラリー初期の頃。「本とバルの日」の様子

IS まちライブラリーの日常風景

まう。たまたまカバンに入っていたとか、これから読もうと思っているなど本の中身でなく興味を引いた点を紹介しあうようにしてもらうと、ハードルは低くなると考えている。

ISまちライブラリーでは、このような活動を通し蔵書も増えて、約1万冊程度の本が集まり、形の上では小さなまちの図書館といえるものになった。しかしながら私の中には、1つだけ疑問があった。本は集まっても相変わらず普段は閉館しており、シェアオフィスの利用者やたまに手伝ってくれるボランティアの人が来ることはあっても、地域の人が来る場所にはならなかった。4年半ほどこのような状況が続いていたのであるが、「本とバルの日」を担当する人が徐々に減っていき1人、2人に負担がかかるようになってきて、とうとう中止せざるを得なくなった。当初は10名前後のメンバーが交代で企画を考え、運営していたのであるが、それぞれに転勤や親の介護や仕事の多忙さなどの生活の変化もあり、コアメンバーが減少したのが原因であった。私も人のことは言えず、しょせん東京から来るときだけのお手伝いであったから、メンバーから出た中止の意見に賛同し、新たな展開を待つことにした。これが2016年のことである。

## 蔵書ゼロ冊から育てる図書館、大阪府立大学のまちライブラリー

一方、2013年4月、大阪府立大学のサテライトキャンパスが大阪市浪速《なにわ》区に開設され、ここに40番目のまちライブラリーが誕生した。このサテライトキャンパスは、同大学のメインキャンパスが大阪府堺市にあり、都心から遠方であること、また他のキャンパスも大阪市内からは遠距離に

あることなどを考慮したうえで、産学連携、社会連携、社会人大学院を拡張するための場所として、当時、理事長・学長であった奥野武俊氏により推進された。奥野氏との出会いは、同大学の教授で大阪の都市づくりに大きな影響をふるってこられた橋爪紳也氏を介してのものであった。橋爪氏とは、六本木アカデミーヒルズの時代に知己を得て、同じ大阪市の生まれであったことから親しくさせていただいていた。２０１０年は、ちょうど「まち塾@まちライブラリー」の活動を始める段階で、相談にのっていただくこともあった。そんなご縁で、大阪府立大学のサテライトキャンパスづくりに力を貸してほしいということから始まった。大学の知的な場づくりに六本木アカデミーヒルズでの経験を活かしてほしいということと、故郷、大阪に貢献してほしいということだった。そのような出会いの中で、このプロジェクトのアドバイスをしていたのである。六本木アカデミーヒルズ同様にサテライトキャンパスに会員制図書館を併設し、そこに社会人大学院や地域、社会連携ができるような教室を配置して、多目的に使える場所とすることを提案した。施設計画にもずいぶんと意見を取り入れてもらい、廊下や教育施設のほとんどの壁を本棚にした、本棚に囲まれたサテライトキャンパスの空間イメージができた。

しかし、開設の10ヶ月前くらいから雲行きが怪しくなってきた。大学のプロジェクトは、往々にしてトップダウン型だけではうまくいかないことが多い。実際、施設の具体的な運用を考え始めると、多様な学部、部門の方から構想自体寝耳に水という声があがることが多い。当該プロジェクトも御多分にもれず、多くの教職員にとっては無謀な計画に映ったのかもしれない。とくに会員制図書館や六本木アカデミーヒルズをモデルにしているのはあまりに環境が違いすぎるということ、そして公立大学法人では、諸々の規制があり六本木アカデミーヒルズのように有料で会員制ライブラリーをやるのは無理があることが分かった。担当理事からもこれはいったん白紙にもどして、本棚を撤去し白壁にして、ギャラリーなどにしてはどうかという提案もあった。また蔵書を大学が整備するのは、蔵書管理等の問題もあり、とてもやりきれないとの回答も得た。大学担当者と長期にわたる検討と話し合いを経たうえでの結論で落胆したものの、奥野氏と現場を見学しながら、これからどうしようと問われた時に、私はとっさに「育てる図書館」にしませんか、と答えていた。本棚までは大学の責任で完成させ、そこに配架する蔵書を市民からの寄贈で賄っていくことを提案したのである。そしてその図書館をまちライブラリーとして、全国に広がるまちライブラリーにとっての甲子園球場のような場所にして、私設図書館の集いの場にしていきませんかと妄想に近い話をした。とっさの思いつきではあったが、以前から私は、大学が市民に開放する施設というのは、場所を提供してあげているという上からの目線でありがちなことに懸念があった。これは大学だけではなく行政や公共図書館、民間企業の施設でも同様で、場所やサービスを提供しているのだという姿勢が、結果として利用者の気持ちを遠ざけてしまうことに常々懸念を感じていた。当事者として良かれと思って場所やサービスを提供していても、それを享受する方にはその思いは届かず、空間やそこで展開される表層的な内容だけに目を奪われるのである。私は、現代社会の課題がここにあると思っている。むしろ市民の力がなければ施設を完成できませんと胸襟を開いて話をした方が、市民の人もより当事者意識をもって参画してくれると考えてきた。その手段として、まちライブラリーを一緒につくりませんかという問いかけをしたかった。最初は蔵書ゼロであっても一人一人が持ち寄った本が集積していき、時間とともにりっぱな図書館になり、交流や触発の場になり、皆さんの居場所になるというストーリーである。当初は突拍子がないと疑問を持っていた大学当局も、奥野氏が私に一年間だけでも任せてみようと言って下さったおかげで、徐々に礒井に預けてみようという空気が生まれてきた。そして蔵書の受皿や運営の母体になる組織として非営利型一般社団法人(3)まちライブラリーを設立し、代表理事に私がなり、大学が運営委託をする形で運用することが決まったのである。

実際にはなかなか具体的な運用策が浮かばず頭を悩ませていたのであるが、窮するとアイデアは生まれてくるもので「蔵書ゼロ冊からの図書館を育てませんか」というコンセプトが生まれ、それを市民に問うべく新聞にも取材していただき、大きく報道された。結果、百名近い人が応援してくれるサポーター会議というものができることになった。開設半年前から毎月、会合を開き、アイデアを出しながら実際どのように蔵書を集めるのか、どんな図書館にするのか、そこでどんなことを展開するのかなど意見を出し合う会合となった。最後に思いついたのが、「植本祭（しょくほんさい）」というイベントである。開設前のプレイベントとして、ビル2フロアにまたがる館内全体を使い、そこで話をしてみたい、語り合ってみたいテーマを提供してくれる市民を48組ノミネートし、それぞれに数名から10名程度の参加者とそのテーマに応じた本を持ち寄って紹介しあい、会合が終わった後に本棚をチーム毎に一区画提供し、その中に配架してもらおうというものである。共通の興味をもっている少数のグループを形成することにより、開館後も同地において自主的な寄り合いが行われ、そうして寄贈本も増加すると考えてのことである。「働き方」「食の話」「日本酒」「古代史」「編み物」など思い思いのテーマの集まりが、館内の様々な場所で執り行われ、最後に食事とお酒を飲みながらその日の余韻を楽しんでもらった。このような活動を継続すると、本棚には様々なテーマの本が集まり、結果としてテーマ別の本のアーカイブができる。またそのアーカイブは、同じテーマであっても多様な人が持ち寄ってくる本であり、様々な視点の本が集まるとにらんでのことであった。

2013年3月9日・10日と2日間にわたったプレオープニングイベントの「植本祭」は、48のテーマと参加者延べ500名を超えるイベントとなった。これだけ多くの人が参加してくださったのは、蔵書ゼロ冊の図書館をみんなの図書館にしようという呼びかけが、大きな目標になったからだと思う。ただ、このイベントを準備する段階でも質問を受けたのが、どうやって人を集めるのかということであった。多くのテーマを用意してグループをつくるのはわかったが、それだけの人を集める方法はどうするのかというものであった。私は、この疑問に対して、個々のグループでテーマを提供してくれる人（私は触媒人として「カタリスト」という造語を付けた）に、こうお願いした。「身近な人に声をかけてほしい。たくさんの人を集めようとしないでほしい。できれば2名から3名、多くても5名から7名程度が望ましい」と。その真意としては、多くの人を集めるのが本来の目的ではなく、人とのつながりをつくる活動であるという視点と、多人数で議論するような形ではお互い話をすることもできず、また話題提供者も多くの人の前で話すのが苦手な人もいると考えて、小規模な輪を大切にすることにあった。結果としてこのような口コミが功を奏して、1グループに平均10名程度が集まったのである。当日参加者が見つからないところもあったが、似た者同士のグループを鳩合して楽しくやってもらった。同じような目線で意見を交換することが大切なことを、改めて考えさせられる出発点でもあった。

蔵書ゼロ冊からのまちライブラリー@大阪府立大学での「植本祭」の様子

このように船出をした大阪府立大学のまちライブラリーは、2016年3月まで私が先導役を務めて主体的に運営することになった。開館後3年で2千名以上の人が会員登録をしてくれ、1万冊近い蔵書が集まるまでに成長した。年間300回近い小さな集まりが行われ、年間で3千人から4千人のイベント参加者が参集してくれた。小さなグループが、大きな成果を残してくれた事例といえる。従来の手法では施設の活性化のために大きなイベントで集客力を図りがちだが、大きなイベントをやるには企画、募集、運営に人と予算を割かなければならない。決して少なくない労力が必要である。そのわりには、参加者からするとイベントに参加して、そのまま帰ることが普通で、お隣りの人と話をすることもままならない。懇親会をやっても新たな人と出会ったりすることも少ないし、気後れする人は参加しづらい。これに対して数名程度の小規模な集まりにすると、準備の手間も少ないので継続しやすくなり、参加者同士のつながりも生まれやすい。50名のイベントをするなら、5名のイベントを10回実施する方が手間もかからず、人と人をつなげる効力も高いと考えるようになったのである。私は大型イベントを「マスマーケティング型イベント」と呼び、数名の集まりを「ソーシャルマーケティング型イベント」と呼んでいる。

またもう1つ、当該施設がけっして便利な場所にあるのではないということも、このような方式を推進する理由となった。誰でもが通りすがりに来られるような場所でならば、イベントを立ちあげてそれなりに集客できるかもしれないが、当該地はふらっと行ける場所ではなかった。そこでできるだけ多くの人に自分が主催者だという当事者意識をもってもらうことにより、この場所を使ってもらおうと考えたのである。単純にイベントに参加するのと、自らがそのイベントの仕掛け人となっているという気持ちでは、大きく意識の差が出てくると想定したのである。

このように大阪府立大学におけるまちライブラリーは、「植本祭」という寄贈本により育てる図書館づくりを通して、参加型の場づくりのモデルを形成し、なおかつ小規模なグループで参加する方式にすることで持続可能な運営方式と人とのつながりを生み出すモデルの両方を確立したといえる。この方式は、その後のまちライブラリーに大きな影響を与えることになる。そしてこの大阪府立大学のまちライブラリーは、大きな組織が実施するまちライブラリーでも個人が主体となって活動できる方法論を提示できたと思う。ただし、課題も残された。２０１６年4月以降、大阪府立大学のまちライブラリーは、私が主導的に運営する方式から大学が直接運営する方式に切り替わった。これにより変化が生まれたことも確かである。まず利用者層が、それまでの本棚を育てるために集まってきたメンバーから、当該施設を勉学や仕事の場所として捉えて利用する人へと移り変わった。また大学の方針でもあるが、まちライブラリーのある場所では、従来は飲食もできたが、他の教室と同等の位置づけにしたために飲食は禁止となった。よって小規模な寄り合いでの懇親会や日本酒を考える会のような、グループで試飲しながらお酒の本を紹介するようなこともできなくなった。規則で運用を縛る大学らしい運営方式が戻ってきたのである。

私は、まちライブラリーではできる限り運営の規則をつくらないようにした方が良いと考えている。それは、運営側が一方的に規則をつくることは、その場所がみんなの場ではないことを自ら宣言していることになるからである。あくまでも皆さんの共有施設であるなら、その運営はお互いに迷惑をかけない思いやりと、同時にお互いを縛りすぎない規範から生まれるべきであると考えてである。このような考え方を最初の3年間は容認してもらっていたが、大学側の担当者や責任者が変わり、そのような方式は認められなくなったのである。運営管理する大学の論理が当然のように前面に出てきたので、結果として初期のメンバーは離れ、規則に即した利用で事が足りるという人たちが利用者となったのである。どちらが正しいというのではないが、しばしば、行政や企業など組織が市民に提供する際の場所は、皆さんの場であるとアピールする標語と運営の方式にねじれが生じているものである。むしろ規則をつくり秩序だった運営を望むなら、「ここは行政や企業の場」と正面から宣言すべきである。曖昧に「みなさんの場」などと言わない方が良い。公共図書館が陥っている罠もこのあたりにあり、市民の皆さんの場であるというお題目はやめ、公共図書館の「公共」はあくまでも役所が提供する「公共」であり、利用者が主体となった「公共」ではなく「官立」なのでその使用は役所の規律にしたがうべきだと宣言した方がよいのではないか。まちライブラリーでもこの問題は、様々なところで顔を出してくる。当然、私設の場所が多いので、そこを運営する人が我慢したり、さもなくば犠牲になったりするような運営では意味がない。しかし同時に自らの都合だけを押し付けても相手との距離は埋まらない。このあたりの本音を言い合える関係がないと、お互いにかけ離れた方に行ってしまう。当初の大阪府立大学のまちライブラリーのプロジェクトは、私が利用者と大学の間に立ってお互いの本音をぶつけ合う土俵をつくっていたのかもしれない。このような中間的な土俵づくりも、「公共」を考えるうえでは大事になってくると感じさせられた。

ちなみに大阪府立大学は、2022年に大阪市立大学と統合し、大阪公立大学となった。その結果もあるのであろう、このまちライブラリーも2023年3月をもって閉館することになった。組織とは組織の都合を優先し、そこにたたずむ人を見ようとしない、という典型的な事例になったと思っている。個人と組織の壮大な実験材料を提供していただいたということだろう。

## 本の力を証明した商業施設のまちライブラリー

もう1つまちライブラリーに大きな影響を与えたのが、東急不動産が開発し、運営している商業施設「もりのみやキューズモールBASE」にあるまちライブラリーである。当該施設は大阪市中央区森ノ宮にあり、大阪城の南側に位置する。土地所有者は日本生命で、その土地にはかつて近鉄バファローズというプロ野球球団の本拠地があった。けっして大きな球場ではなく、どちらかといえばこぢんまりした球場であった。余談だがこの地は私の中学、高校時代の学区内でもあり、パ・リーグの野球がまだ人気のない時代には外野席が8時半以降は無料になるなどの運営をしていたので、たまに自転車で見に行ったものである。また、高校時代には、この球場で高校野球の予選が行われ、けっして強くはない私の母校が勝ち進み、強豪校との試合にたどりついた時には学校をあげて応援にいった懐かしい場所でもあった。この地は、ながらく有効な跡地利用ができていなかったが、2015年4月、東急不動産による開発で約50店舗のショッピングモールができたのである。

この商業施設は、屋上に300メートルのランニングトラックがあることが特色だ。誰でも無料で走ることができ、夜11時（日曜・祝日は10時半）まで開放されている。もともと大阪城はランナーにとって人気の場所であったが、隣接する商業施設としてスポーツに特化した店舗（ボルダリング付のスポーツ用品店、スポーツクラブなど）や施設（フットサルコートなど）を併設し、スポーツ好きの人たちにとって利用しやすい場所にしようとしたのだ。土地の来歴からもふさわしいコンセプトだと思われる。

このような商業施設にまちライブラリーができた経緯は、以下のようなものである。大阪府立大学のまちライブラリーの立ち上げ時にご縁ができた本屋の方が、東急不動産から出店を要請された。しかし収益性等を鑑みても難しいと考え、本がある空間が必要ならまちライブラリーがあるのでそちらを紹介する、ということから始まった。それから東急不動産やその本屋の方、デザイナーの方などと勉強会を始めて1年くらいたった頃に、店舗区画の一部をまちライブラリーにすることが決定された。設置や運営コストの負担は東急不動産が、運営は大阪府立大学と同様に私がやることになった。商業施設のテーマも「心と身体の健康」ということで、日々の生活を大事にしながら日常的に利用してもらう「コミュニティ型の商業施設」として運営することになった。ランニングをしたりする人は、適時なペースで訪問し、商業施設を利用してくれるだろうという狙いもあった。同時にまちライブラリーのような本のある空間は、本を手にとったり、交流の場所として使われたりすることで、日常的な利用が見込まれるとの思惑で併設されることになったのである。

このまちライブラリーは、２０１５年4月25日に開設されたが、その10ヶ月前から一緒にまちライブラリーのことを考えようと市民に声をかけ、サポーター会議という市民参加型の会を開いた。大阪府立大学の時と同様に様々なテーマが議論され、提案された。そのような過程で生まれたこの場所の特色は、本へのこだわりである。大阪府立大学の時は、蔵書ゼロ冊から育てる図書館にこだ

まちライブラリー@もりのみやキューズモールの日常風景

わり、どちらかというとそこで人のつながりやグループをつくり出すことを目的に、本棚をグループごとに運営するなど本の集め方に注力したが、もりのみやでは当初から多くの人が蔵書を寄贈してくれることがわかってきたのである。美術の展示会等の図録の所有者が、2千冊以上寄贈をしたり、「POPEYE」や「Olive」といった往年の人気雑誌の創刊号からの寄贈の申し出があったりした。そこで本棚の配架に一工夫こらすことにした。発行年代順に本や雑誌を整理し、1950年代から10年ごとに区分して配架をした。その棚を見ることがその時代に戻れるきっかけとなり、何世代にもわたって来訪される家族や仲間の会話が弾む記憶を呼び戻す仕組みをつくった。

他にもこのまちライブラリーは、大阪のFM局がライブ放送用のブースを併設しており、そこのDJさんやゲスト出演する音楽家などが本を寄贈していくので、さらに本棚の人気が出てきたのである。そして本を寄贈する折には、一言メッセージを書いてもらうようにしたことで人気のある寄贈者のメッセージに対して、その本を読んだ20名近い人がメッセージを連ねるようになり、本を通じたつながりが生まれたといえる。このメッセージ方式がうまく機能したのは、このもりのみやからではないかと思う。それまでも寄贈者にお願いして書いてもらっていたが、次に読む人が現れる事例も少なく、その意図を実感として理解してもらえることは少なかったと思う。

まちライブラリー@もりのみやキューズモールで一番驚かされたのは、多くの人が訪れるまちライブラリーになったことである。面積は240平米でけっして大きな場所ではなく、その中にカフェもあり、FM局のブースもあるスペースに、年間の来訪者数が2015年度で14万人になり、その後も約13万人前後となったのである。膨大な数の来訪者にみえるが、平日で200名から300名程度、休日で500名から600名程度が利用するとこのような数になる。ちなみに同じ大阪市中央区にある公共図書館の島之内図書館は、年間利用者が約10万人から11万人であり[4]、公共図書館に比してもけっして少なくない人が利用しているといえるだろう。

利用者の内訳をみると、次のようになる。イベントは年間300回程度開かれているが、延べ参加者は全体の2%程度で、3千名程である。カフェのレジ客数（レジでお金を払った人）は、全体の23%程度で、3万2千人程度である。残りの75%、つまり10万5千人の人が本の閲覧や貸出、返却に来た人になる。この数字を分析していて衝撃を受けたのは、私自身かもしれない。都市開発やまちづくりに携わっていると、どうしても多くの来館者を集めることに汲々としてくる。よりたくさんの人を集める場所が大切であり、そのような人を引き付ける施設やコンテンツは貴重であると。そのためには、大きなイベントをやって大勢の人を動員しなければならないと思い込んでいた。しかし、よく考えれば、イベントに参集した人が明日も

まちライブラリーでは本の寄贈者がカードにメッセージを残し、読んだ人が感想を綴る。

明後日も来てくれるとは限らない。イベントの中身に興味があってきた人は、イベントが終われば来ない人なのかもしれない。日々来てくれる人を大切にすることを忘れていたのではないだろうかと考えさせられた。普通、本を読む場所を想定する場合、多数の人が集まる場になるということを想定しない。静かで賑わいにかけると思いがちである。しかし、実際の利用者を積算していくと、その数は膨大なものになった。イベントこそ賑わいのキーコンテンツだと思いこむことが間違っていたのである。日常性がもつ大事さを改めて考えさせるまちライブラリーになったと言えるだろう。

このことに気づいたのは、もりのみやの開設から1年程度たった2016年頃であった。ちょうどその頃、前述したISまちライブラリーが行き詰まりを見せていた。「本とバルの日」というイベントを担う人が疲れてきて、中止することになった。ISまちライブラリーの発足当初に、本だけおいても人は来ないということで始めたイベントであったが、もりのみやの経験から、ある程度本があれば定期的に開館をすることにより、日常的に利用する人が現れるかもしれないと考えたのである。そこでISまちライブラリーでも定期開館をしたらどうかと考えた。もりのみやは、商業施設で既にたくさんの人が集まる場所だから成功したのであろうとか、こんな小さなビルでは人は来ないかもしれないとも考えた。また予算もないので人を常駐させるのは非常に勇気のいることでもあった。

とりあえず図書室のサービスというより、ビル全体の管理を兼ねるという名目で、1人だけアルバイトの人に週3日間だけ来てもらうことにした。普段は劇団で働いている人で、明るく誰にでも優しく接することができる人だ。この方にお願いして開館してみると、徐々にではあるが来館者があることが分かってきたのである。「本とバルの日」を月に1回やっても10名から20名程度の参加者がやっとだった場所に、日々数名の人が来るようになったのである。そこでもっと欲を出して月曜から土曜日まで、ボランティアの人の力も借りて開館してみると、月に250名から300名位の人が来館し、本を借りてくれるようになった。イベントをやっていた時代の10倍以上の人である。しかも、時間帯によって様々な人が来ることもわかってきた。午前中はベビーカーのお母さんと幼子、昼休みには近所で勤務している人、午後からは小学生、夜は勤め帰りの人など、多様な人が訪れてくださる。思ってもみない場所に育ってきたことに、改めて驚かされたのである。

本がある空間が持つ有用性とは、日常性だったのである。利用者は派手なイベントではなく、身近に利用できる気軽な場所を求めていたのだ。とくにISまちライブラリーでは、担当してくれたスタッフが、来館者の話を丁寧に聞いてくれたことがこのような結果を生んだともいえる。本だけ見て、借りて帰る人もいるが、利用に慣れてくるといろいろとお話をしたい人もいる。小学生でも学校のことや宿題のこと、家族との旅行など様々なことを話してくれる。大人も日々の仕事での愚痴や自らの趣味や夢など、話したいことがたくさんある。このような来訪者とまちライブラリー運営者の対話が、リピーターをつくりその場をお互いにとって大切な場にしていくのである。理屈だけで場づくりを考えてもわからないことが多いことを、改めて思い知った。

このようにもりのみやキューズモールに開設したまちライブラリーは、単に利用者が多いまちライブラリーになったということだけではなく、本には思っていた以上に磁力があることに気づかせてくれた。さらに、非日常より日常の反復が大事であることを気づかせてくれたのだ。

# 第3章　まちライブラリーの広がりと多様性

## 広がりの状況

まちライブラリーの設置件数を振り返りたい。「まちライブラリー」という名称で本棚を設置し始めた2011年からの累計設置数は、2023年11月末時点で1094件になる。2022年現在、公共図書館は3315館あり、その規模と較べると少ないが、10年あまりの活動としてはかなりの数といえるだろう。次頁の表とグラフ（表1）でその設置数の推移をみると、初年度は13件で、次の年が累計29件に、その後、設置数の増加は勢いを増す。ただし、1094件の中には閉鎖されたまちライブラリーも含まれ、その数は165件になる。累計値の約15％強が閉鎖となった。表2にあるように、その分布は概ね全国に広がっている。ただし、その所在は偏在している。都道府県別では、大阪府、兵庫県、東京都、神奈川県の順に多く、過去に1件も設置されなかった県は、愛媛県のみになる。大阪府は、累計で274件あり、閉鎖された60件を除いても200件を超えて現

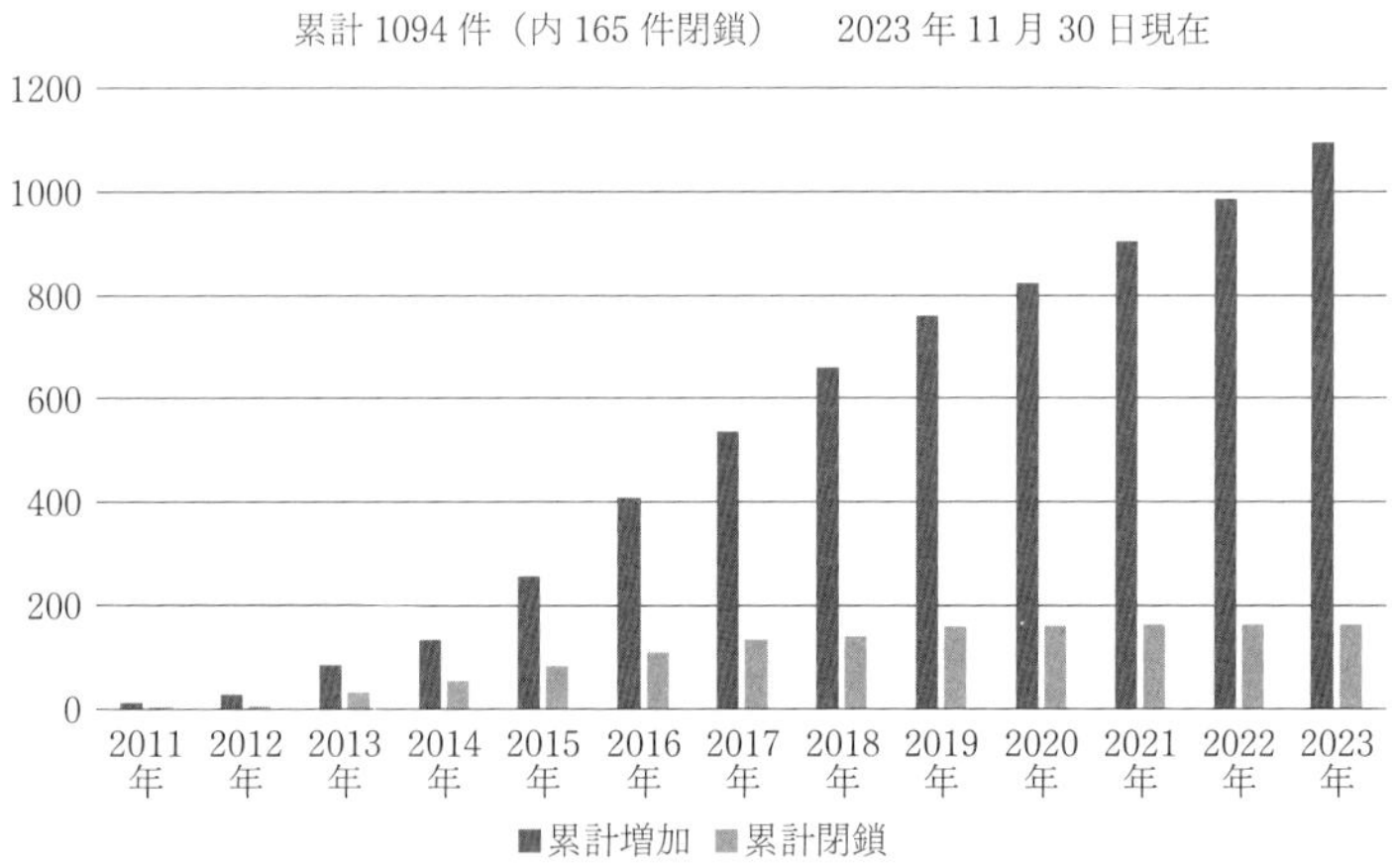


| | 2011 | 2012 | 2013 | 2014 | 2015 | 2016 | 2017 | 2018 | 2019 | 2020 | 2021 | 2022 | 2023 |
|---|---|---|---|---|---|---|---|---|---|---|---|---|---|
| 年計 | 13 | 16 | 56 | 49 | 123 | 152 | 127 | 123 | 101 | 63 | 81 | 81 | 109 |
| 累計 | 13 | 29 | 85 | 134 | 257 | 409 | 536 | 659 | 760 | 823 | 904 | 985 | 1094 |

表1　まちライブラリーの登録推移（2011年～2023年11月）

存している。この数は、大阪府内の公共図書館が１５４館（文部科学省社会教育調査２０２０年度）だと考えると、相当な数ともいえる。ただその規模は千差万別で、10冊未満のところもあれば１万冊、２万冊を超えるまちライブラリーもある。

## まちライブラリーが点在する意味

近年、まちの本屋が減少している。まちの本屋の数を正確に把握している団体はないが、出版関係の情報提供サービス団体「出版科学研究所」[1]によると、２００３年には２０８８０店あった本屋が、２０２２年には１１４９５店まで減少しているという。２００３年から実に半数近くまで減少している。出版産業を支えてきた身近に本を届ける町の本屋が減少する一方、大型書

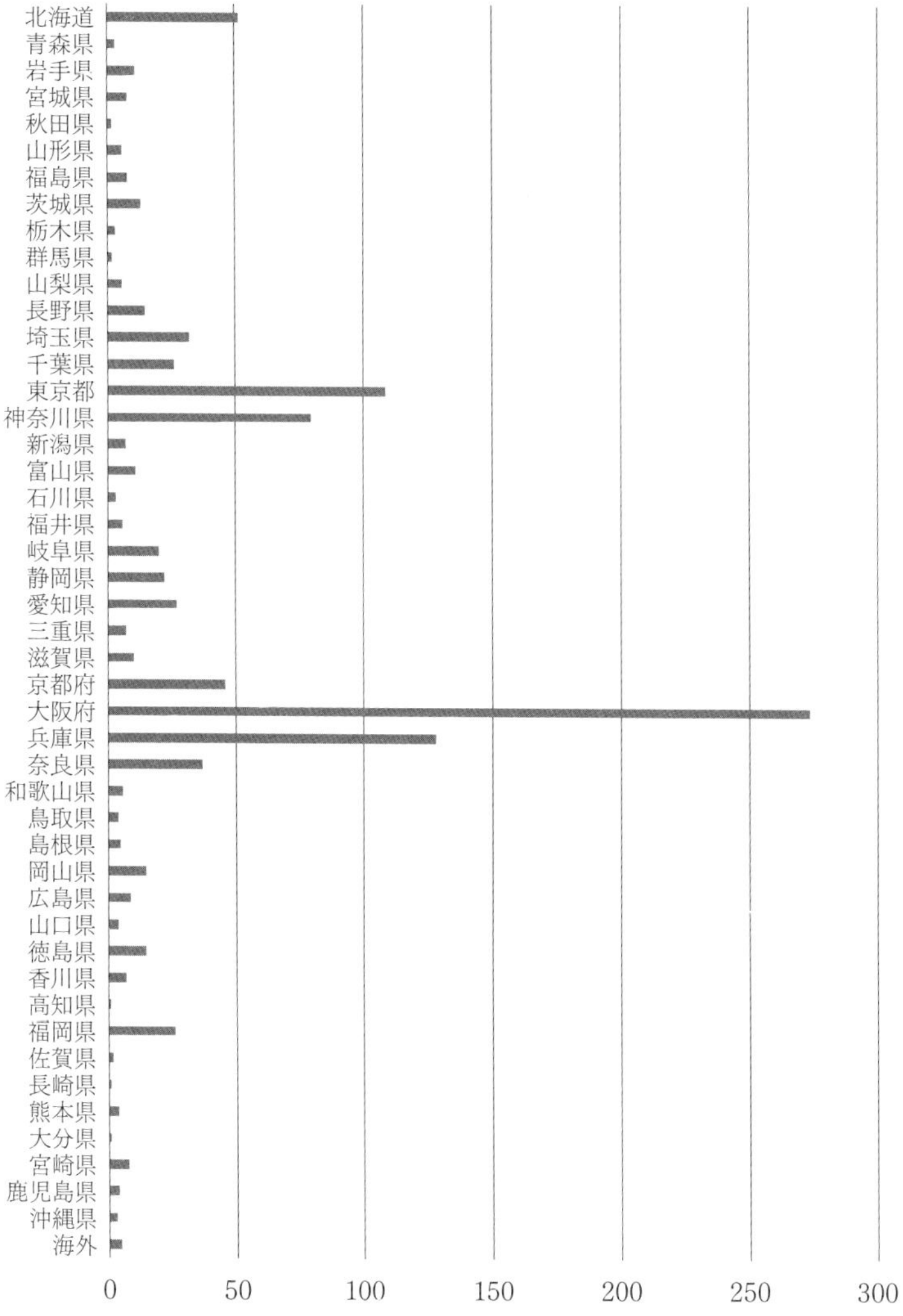


表2　都道府県別まちライブラリーの登録数（2023年11月末現在）

店やロードサイドの本屋、大型商業施設に入店する書店は増えている。同研究所によると、本屋の床面積(2)は、この期間では店舗面積３００坪以上では５８７店舗が１１０１店舗になるなかで、３００坪未満は大幅に減少している。加えてネットでの注文も増えているので、本を手に入れようと思えば手に入れられる環境は提供されていると考えられがちである。しかしながら、そこには大きな落とし穴がある。本と生活する人の距離が、遠くなっている。とくに車や公共交通機関での移動が困難な、子どもたちやシニア世代にとっては深刻である。小学生がロードサイドの店舗や大型ショッピングモールのお店に一人で本を見に行き、買い物をする姿は想像できない。親世代が本屋に行こうとしなければ、その子は本に触れる機会がない。図書館ですら、都市部以外の地方では車で行くことを前提に設置されており、同じような問題を孕んでいる。これらの問題をすべて解決する手段にはなり得ないが、まちライブラリーのような私設図書館が、身近に誕生する意味がそこにある。

　生活する人にとって、身近な場所で本を提供するまちライブラリーは、社会的にも有益であるといえよう。研究や調査のために図書館を利用したり、求める本を買いに行ったりする場合は、多少遠方であってもしかたないと考える人もいるが、気軽に本を読みたい時に近くで本に触れられる場所は大事である。学校帰りに立ち寄ったり、散歩のついでに立ち寄ったりする本のある場所は、生活にとって潤いとなるだけでなく、本との身近な出会いという点からも、極めて重要なのである。

　「リトル・フリー・ライブラリー」という、巣箱のような本箱を家の前に置く活動がある。２００９年に米国で始まり、現在世界中で11万ヶ所以上に設置されている。この活動を始めたのは、米

上：リトル・フリー・ライブラリーとまちライブラリーの専用看板

右：「リトル・フリー・ライブラリー」を亡き母の自宅の前で始めたトッド・ボル氏

国人のトッド・ボル氏（Tod Bol）である。私は彼に会いに、２０１４年に米国のウィスコンシン州に行き、同年日本に招聘して講演をしてもらった。その時にボル氏が話していたのは、米国では子どもたちが本に触れる機会が家の環境により、大きく左右されるということであった。家庭環境が米国で識字率が高くない原因の１つであると指摘し、保育所、学校や公園にもリトル・フリー・ライブラリーを置いて、子どもたちに本を手に取ってもらうことが大事だと語っていた。そしてボル氏は私に、日本の識字率はどのくらいなのかと何度も質問した。私は、日本の識字率は１００％だと答えていたのだが、よく調べてみると、日本では１９４８年以来識字率調査は行われておらず、文部科学省が「日本人は15歳時点で全員、義務教育を受けており、よって日本では識字率が１００％になる」とユネスコに報告していることを知ったのである。(3) 形式的には成り立つ理論であるが、実態調査をして識字率を出している米国と同じ土俵では比較できない。米国でトッド氏に指摘された本と家庭環境の関係は、日本でもすでに起こっており、家庭によっては本も読めないため、文字の習得が遅れたりしている子どもたちも少なからずいると推察される。

## まちライブラリーの分類と事例

次に、まちライブラリーを運営する人を分類、整理してみよう。まちライブラリーを運営する人は、多様である。その割合は次の通りである。(2023年11月末時点)

「個人」 57・9%
「企業、医療法人等」 21・1%
「団体(任意、NPO等)」 15・9%
「図書館」 2・5%
「行政」 1・6%
「学校」 1・1%

となっている。また個人から法人まで多様な運営者が現れた結果、設置場所も多岐にわたることになった。コミュニティ施設、店舗、自宅、事務所、病院、寺社、銭湯、菜園、蔵など私営による場所に設置されたのは、全体の90・0%。学校、図書館、市役所、公民館、駅や公園など公的な場所に設置されたのは、10・0%になる。

これまで私自身が直接携わったまちライブラリーの事例をみてきたが、さらに他の運営者がやっているまちライブラリーの事例をいくつかの類型別に紹介したい。私的な場所、公共的な場所の中から代表的なものを記載しながら、各種の場所での活動がわかるように紹介する。

## 私的な場に設置された事例

私的な場に設置されているまちライブラリーは、多岐にわたっている。いくつか具体的な事例を紹介する。

### 事例1　コミュニティスペース併設型

個人または団体が、既存の施設や新規の施設を使って地域のコミュニティスペースとして運営しているところに併設される事例である。コミュニティスペースは、空間としては空き家を利用したようなものから専用に設置されたものまで多岐にわたるが、地域の生活者に開放され、地域の居場所やイベントの場としても利用されている事例が多い。

団体による例としては、2018年に香川県丸亀市に古民家を利用した子育て世代の居場所を運営するNPO法人さぬきっずコムシアターが、当該施設にまちライブラリーを設置した。

個人による例としては、静岡県焼津市で商店街の空き店舗を借りて本棚を置き、そこの本棚を一部の人に貸し出す仕組みを実行している28歳の土肥潤也氏という若者もいる。人通りも少ない商店街の、空き店舗となった店を使い、自分たちで本棚を作り、その本棚を有償で貸出し、運営費に充てている。このように本棚を1箱ずつ貸す活動を「みんとしょ」と称し、全国に広げている。

今日、このように様々な形態の運営者が、コミュニティスペースでまちライブラリーに取り組み始めている。地域のつながりや居場所づくりが社会的なテーマになっていることへの人々の渇望から生まれつつある知恵ともいえる。

### 事例2　店舗併設型

店舗内にまちライブラリーが設置されている事例である。カフェ、バー、レストランなどの飲食店舗や、物販店舗に設置され、多くは店内に置かれている本棚やテーブルなどを利用している。カフェとは相性がよく、まちライブラリーが始まった2011年当時から現在に至るまで多くある。

前に述べた通り、活動当初は、東京都台東区入谷のカフェや大阪市北区中崎のカフェでまち塾のイベントをやり、その場所をまちライブラリーにした。その後も同様にカフェ併設の事例はたくさん生まれているが、チェーン店の場合は難しい課題があることもわかってきた。経営者やスタッフの人たちにまちライブラリーへの理解や熱意がないと、継続的な運営をすることが難しいのだ。まちライブラリーを運営していくうえでは、本のある空間や貸出の仕組みづくりより、個人の思いが大事であることもわかってきた。

カフェ以外の飲食店舗では、バーに設置されている事例は多少出てきているが、それ以外の店舗では少ない。飲食業の運営が多忙で、利用者と会話をするとか、本を貸し出すなどの時間がとりにくいなどが原因と考えられる。物販店でも同様の運営上の課題があるといえよう。飲食同様、業務の多忙さや運営の形態による難しさもあるが、何よりも運営する人の「本を活用して人とつながろう」といった思いが大事であり、その思いを持てるかどうかにうまくいくかの成否がかかっている。

### 事例3　居宅開放型

居宅を開放してまちライブラリーにしている事例である。離れを利用している事例もあるが、居宅の一部分を開放している事例もある。亡妻の本を活用して活動している事例や、玄関先などを利用して図書を閲覧できるようにしている事例もある。戸建ての事例が多く、集合住宅の場合は共用部への立ち入りが難しく、断念している場合もある。しかし、まれには共用部または集会室をまちライブラリーにしている事例も出てきている。理事会や管理会社の理解がなくてはできないことであるが、埼玉県ふじみ野市にあるオハナふじみ野上野台ブロッサムや西宮市のマリナパークシティ海のまちなどでは、本を貸出したり、寄贈を受けたりし、コミュニティの場として運営されている。いずれも熱心な推進者が理事会を説得して始めたものだ。

他にもすでに子ども文庫、地域文庫をやっている人が、その延長として使用していない部屋を利用してまちライブラリーをやっている例もある。最近は、地方で古民家や空き家を借りてリノベーションするときにまちライブラリーを併設して、移住者同士の集まりや地域の人との触れ合いのための場所にしている事例も増えている。

事例4　事務所併設型

自らの仕事場をまちライブラリーにしている事例である。オフィスビルの一角にサロン的に設置されたものや、建築事務所、会計事務所、特許事務所のように専門的な仕事をしている事務所の一角をまちライブラリーにしているところがある。

大阪市中央区の特許事務所では、顧客との打合せコーナーにまちライブラリーを置き、本を貸すのではなく無償で積極的に提供している人もいる。また飲食業専門の会計事務所では、会計士の溝川裕也氏が読んだ飲食に関する本を配架し、忙しくて本も読めない飲食業の人に適切な本を紹介して、本で学んだことを伝えるようにしているところもある。

また兵庫県宍粟《しそう》市では、地元の建設会社が地域の人に利用してもらおうと、社屋を新築した折にまちライブラリースペースを併設し、会議や読書や団欒に利用してもらうことをねらって開設したところもある。

### 事例5　医療施設・歯科医院併設型

病院、クリニック、歯科医院、鍼灸院やヨガ関係の施設に併設されている事例もある。診察の待合室内に小規模な本棚を設置しているケースが多い。中には待合室全体を本棚で囲み、図書館のような雰囲気を創出しているところもある。また待合室を利用して定期的にイベントを開催するなど、健康普及のためには地域とのつながりが大事だという意識から、まちライブラリーを始めている事例が多い。

埼玉県越谷市では、藤田歯科医院という地元で3代続いている歯科医院が、2012年に駅前のビルを大規模に賃借するのに際して、受付スペースや会議スペースを設置し、隔月でまちライブラリーのイベントを実施してきた。さらに現在では、会議スペースを改装し、カフェを設け、まちライブラリーを併設して、ボランティアの1日館長がお世話をしている。

熊本市では、院長以下、全員女性というクリニックでまちライブラリーをやっているところもある。もともと本好きな院長で、クリニックの待合室の壁やテーブルには本がたくさん配置されており、2018年にまちライブラリーに登録してさらに活動の充実を図っている。

また兵庫県明石市では、病院が建物を新築した折に吹き抜けのロビーの階段側面を利用してまちライブラリーを設置した。元気な人にも気軽に病院に来てもらい、日頃から健康などを気遣うようになることを目的にしたいと院長の譜久山剛氏は意気込んでいる。

### 事例6　移動型・巣箱型

公園や特定の場所で日時を決めて実施する、移動型のまちライブラリーもある。その場に本を持ち寄り、お互いに紹介しあって貸し借りしながらつながりを見つける方法である。公園にピクニックシートと本とお弁当の3点セットを持ってゆく形でまちライブラリーを不定期にやっている人もいれば、カフェやバーに集まって、その場に本を持ち寄る形のまちライブラリーもある。

また前述した米国のリトル・フリー・ライブラリー型の本箱を屋外に置き、自由に本の貸し借りをしているところも増えており、現在、屋内との併設も含めて103ヶ所になる。例えば、大阪の阪南地域では主婦のグループ同士が連携して活動したり、同じく大阪府の8歳の小学生が始めて、地域の子どもたちとイベントをやったりしている。

### 事例7　寺・神社設置型

寺社は、敷地への立ち入りが比較的自由な場合が多く、敷地内にまちライブラリーを設置している事例がある。また、本堂や社務所を利用して設置している事例もあり、その併設型もある。古くから地域に根付いている場所であり、その利点を活用している。

お寺の事例としては、東京都新宿区左門町にある陽運寺が、2011年から10年以上にわたり、まちライブラリーを設置、運用している。お岩さんを祀り、良縁をつなぎ、悪縁を切るというパワースポットとしても有名で、それに加えて住職の柔軟な発想とお洒落な境内の雰囲気が相まって、陽運寺には多くの女性が祈願に訪れる。2018年には、本堂の一部を改装して障子で囲まれた出窓側のコーナーに本棚を置き、また境内にもカフェ的な雰囲気の場所を作って本棚を置いている。

これ以外にもお寺や神社の事例は全国に広がっている。青森県むつ市では、月に1度、本を持寄るイベントを通じて蔵書を増やしている大安寺がある。大阪府藤井寺市の伴林氏神社《ともばやしのうじのじんじゃ》では、事例6で紹介した巣箱型の本棚が境内に設置されている。近くに住む図書館司書の女性が、神社に掛け合い設置したもので、近所の子どもたちも利用するまちライブラリーになっている。

### 事例8　書店設置型

本を販売する新刊書店や古書店などに併設されている事例である。入り口付近等の区分けされた場所の本棚をまちライブラリーにしているところもある。また本を持ち寄るイベントだけをしているところもあり、本好きの人の定着を目指している。

西宮市では、リトル書房（2023年9月末閉店）という新刊書を取り扱う個人書店でもまちライブラリーを実施していた。ここのまちライブラリーでは、本を持ち寄るイベントをし、絵本の読み聞かせや本に関連するワークショップなどを実施し、本好きの人たちにリトル書房を身近な場所に感じてもらおうと企画していた。

本の街、神保町の書店にもまちライブラリーが設置されている。ブックハウスカフェという絵本と児童書の専門書店は、カフェやバー、ギャラリーやイベントスペースが併設された書店である。

店主の今本義子氏は、長年営んでいる実家の洋書専門書店が所有するビルを借上げ、意欲的な書店経営を試みている。その書店のファンであり、利用者である元図書館司書であった橋爪千代子氏が、店の奥のイベントスペースの一角にまちライブラリーを設置し、様々なイベントを書店と連携しながら実施している。

書店という本を売る場所にライブラリーというのは、一見すると矛盾した活動のように見えるが、本が好きな人を集め、結果として本の循環が生まれる相性の良い活動になっている。まちライブラリーが、本に興味がある人を吸引している。

### 事例9　その他の事例

銭湯、農園、廃校、蔵などにもまちライブラリーがある。それぞれの場所と本の掛け合わせに意外性があり、運営者のアイデアが活かされている。

東京の祖師ヶ谷大蔵には、祖師谷大蔵温泉「そしがや温泉21」があった。昔から地域の人に愛されてきた商店街にある銭湯であり、温泉である。２０１６年、ここに温泉ファンが集まり、まちライブラリーを作ろうというイベントが行われた。仕掛けたのは、当時、入浴剤をつくる会社に勤める若い社員であった。会社の部活動で銭湯部という活動をしており、その一環として都内の銭湯にまちライブラリーをと呼び掛けてできたのが「銭湯ふろまちライブラリー」であった。当日は各地から本好き、温泉好きが50名ほど集まってきた。共用スペースとなっている場所で趣旨を説明し、その後みんなで入浴場所を見学した。銭湯のオーナーはこのイベントを喜びつつも、銭湯はもっと身近な人たちの居場所ではないかと考えており、今後は口コミで利用する人にまちライブラリーを広めていくと語っていた。堅実でまちライブラリーの本質を捉えた発言であった（「そしがや温泉21」は2023年3月末閉店）。

大阪府茨木市には、山の中の菜園で鶏を飼い、産みたての卵を販売している場所に併設しているまちライブラリーもある。運営者は兒玉重成さんで、大手企業をやめ、一念発起してこの菜園と鶏卵事業を始めた。そして菜園の傍の小屋に「まちライブラリー＠あまがえるさいえん」を設置し、中国関係の本をたくさん集めている。その他にも東京都奥多摩町には、「まちライブラリー＠奥多摩ブックフィールド」がある。廃校となった小学校の教職員室を本好きのメンバーが借上げて、それぞれが所蔵する大量の本の置き場所とするとともに、月に1回開放して誰でも利用できるようにしている。さらには、千葉県四街《よつかい》道《どう》市には120年以上前の蔵を利用してまちライブラリーにしているところもある。「蔵の図書館」として絵本、児童書、小説、雑誌などの蔵書を集め、地域に開放している。

まちライブラリー＠奥多摩ブックフィールド

### 事例10　商業施設に設置された事例

商業施設に設置されている事例としては、前述したように2015年、東急不動産が開発した商業施設「もりのみやキューズモールBASE」に誕生したまちライブラリーが代表的であるが、それ以外にも三井不動産グループが設置運営している「ららぽーと湘南平塚」や富山県高岡市にある商業施設「御旅屋《おたや》セリオ」にも設置されている。

三井不動産グループのららぽーと湘南平塚のまちライブラリーは、大型書店の前にあり、利用者のたまり場とイベントスペースを兼ねられる場所として誕生した。隣接する区画には、書店が経営するカフェもあり、買いものに来た人が休憩したり談笑したりする場でもあり、特定の日には商業施設主催のイベントも実施される。開業前には、書店から、まちライブラリーが隣接すると本の売上等に影響するのではと何度も問い合わせがあったが、結果としては書店のイベントスペースとして、また本好きのたまり場としても利用されており、書店にとってもよい空間になったと思われる。まちライブラリーに寄贈される本は年齢も興味も異なる人からのものなので、本屋さんとは違った視点で集められており、大型書店には配架されないようなテーマの本が多く、結果として相乗効果が生まれている。富山県高岡市の商業施設「御旅屋セリア」でも、近隣住民のコミュニティの場になるようにとまちライブラリーが併設され、地方都市の中心市街地における新たな試みにもなっている。

このような商業施設そのものへの併設ではないが、さらに大規模なまちづくりの一環として設置されたのが、東京都町田市の「南町田グランベリーパーク」である。当該プロジェクトは、もともとあった東急（電鉄）の商業施設と隣接する鶴間公園を一体的に再開発することから生まれた。全体で20haを越え、割合は商業施設が10ha、公園が10haであるが、その境目に文化、交流等の施設が配置された再開発である。文化、交流等の施設がある敷地は町田市の所有で、その敷地を民間企業に無償で貸し出す代わりに、民間企業が文化施設等を建設し、運営する方式である。この方式で作られたのがスヌーピーミュージアムで、六本木にあったものが移転してきた。ソニー・クリエイティブプロダクツがスヌーピーミュージアムを設置運営するとともに、隣接地にコミュニティ施設を建設し、一部をミュージアムカフェにするとともに民間の子ども施設とまちライブラリーを併設するスペースとして町田市に提供した。子ども施設は、町田市の教育委員会が運営資金を出し、民間の業者に委託運営されている。このまちライブラリーは、町田市と東急が設置費・運営費を出し、一般社団法人まちライブラリーが運営委託を受けて運営している。一般社団法人まちライブラリーは、運営スタッフを配置し、運営ノウハウを提供することにより安定的で充実したまちライブラリーの運営を目指している。同時にスタッフは、地域の市民と連携しながら、市民に主体的に地域の活動に携わってもらえるよう手助けをし、その地域に愛着を持ってもらおうとしている。ちなみに南町田では、町田市が公園を再開発する際に伐採した木材を利用して、まちライブラリーの本棚、机、椅子を作るなど地域への愛着を喚起することを目指した。そしてまちライブラリー開設後も、公園をマネジメントする会社や団体と連携しながら、家具を作った作家さんとワークショップ等を行うことで、まちライブラリーが公園の整備と連携した居場所であることを継続的に意識してもらうようにしている。

### 事例11　中心市街地の活性化を目指した事例

北海道千歳市では、2016年に中心市街地にあった古い大型商業ビルをリニューアルして全館をコミュニティ施設として運営する中で、まちライブラリーが誕生した。もりのみやキューズモールに設置されたまちライブラリーの4倍規模になる約1000㎡（カフェ部分を含む）の広さである。年間7万人が利用し、蔵書数は2万5千冊になり、各種イベントや交流の場所として育ったまちライブラリーで、千歳市のみならず札幌や東京からも見学者が多数訪れる場所になった。

しかしながら、2021年3月末をもってこのまちライブラリーは閉鎖されることになった。新型コロナウイルス感染の拡大のためという理由でオーナー会社が閉鎖を決めたが、市民が2200名以上の署名を集めて、閉鎖撤回の請願が千歳市に出された。地元の高校生や大学生にもアンケートが実施され、再開を望む声が多数となり、千歳市議会などからも存続の声を大切にするべきだという意見が出て、市役所が主体となり駅前にある別のビルを借上げ、2022年1月に新たな場所で再開することになった。まちライブラリーが市民生活に定着し、なくてはならないものだと認識されてのことであり、嬉しい展開になったのである。詳細については、第5章で記載したい。

宮崎県小林市にも地元のまちづくりを行う会社が新築した複合ビルにまちライブラリーが誕生し

た。規模も千歳についで大きなもので、５００㎡ほどある。当該建物は、スーパーとアパート、商工会議所などを併設し、中心市街地活性化への期待がかかっている。

### 事例12　高齢者施設等福祉施設に併設された事例

サービス付き高齢者向け住宅[4]（以下、「サ高住」とする）など、高齢者住宅や福祉施設への設置も各地でみられるようになった。例えば、ＮＴＴ都市開発が開発したサ高住は、施設内に併設されているカフェにまちライブラリーが設置され、同じ敷地内に建設された一般分譲マンションの居住者や近隣の方も利用できるようになっている。カフェは、サ高住入居者の食事を提供する場でもあり、高齢者にとっては外の人と触れ合う場にもなる。ただ残念なことにコロナ禍の中で、現在は外部の方や分譲マンションの方の利用はできなくなっており、早く当初のように開放された場に戻ることが期待される（２０２３年7月から一部一般開放再開）。

その他にも、各地で、サ高住や高齢者や障がい者のデイケアセンターなどにも設置されている。ともすれば閉鎖的になりがちな高齢者や障がい者の施設を地域に開かれたものにするために、まちライブラリーが併設されているのである。

## 公共的な場に設置された事例

公共的な場に設置されているものは、市町村の公共機関、郵便局、駅、大学、図書館などに分布している。具体的な事例を紹介する。

**事例1　行政施設に設置されている事例**

行政主体で、地区センターや公民館へのまちライブラリーの設置も行われており、地域のコミュニティづくりに応用されている。2018年、丸亀市では城坤《じょうこん》コミュニティセンターに併設されたまちライブラリーが誕生した。さらに飯山南《はんざん》コミュニティセンターの建替えに伴って、「法《のり》の郷《さと》まちライブラリー」が誕生した。それまでの地区センターはシニアの方の利用が中心だったが、新設の施設は、まちライブラリーを併設して、親子連れでも来館しやすい雰囲気にしている。横浜市でも既存の地区センターなどに併設されている。秋田県八郎潟町でも市が主体となって設置したお土産店の2階をコミュニティセンターにし、その一角にまちライブラリーを設置している。

この他には、埼玉県鶴ヶ島市では市役所のロビーや女性センター、議会図書室などに設置されている。岩手県雫石町《しずくいしちょう》では、図書館司書が主体となり、公民館にまちライブラリーが設置されている。このように自治体が主導して公共施設にまちライブラリーを設置する場合は、公共施設の無機質で堅い雰囲気をやわらげ、利用の促進または利用者層の拡大を狙う事例が多い。

**事例2　郵便局に設置された事例**

横浜市緑区内10ヶ所の郵便局で、利用者を対象にまちライブラリーを設置している事例である。

郵便局は、明治以来、地域の社会的共通資本として位置付けられ整備されているが、近年その存在が薄れつつある中で、地域の人に利用されやすい郵便局になることを目指してまちライブラリーが設置された。

### 事例３　公共図書館が主導する事例

公共図書館がまちライブラリーを設置する事例も全国で７事例（２０２０年時点）ある。岐阜県の岐阜市立中央図書館では、館内の本棚の一部を「みんなのライブラリー」と称して、利用者が選んだ本を１ヶ所に集めて公開している。同時に図書館周辺の商店街などの店舗にまちライブラリー専用の本棚を設置し、各店主がお気に入りの本を配架して来訪する人に貸出している。その他にも福岡県宮若市では、図書館がクリニックや歯科医院に蔵書を貸出し、それを市民が利用できるようにしている。岡山県津山市では、図書館職員がまちの中に適地を見つけ、まちライブラリーの設置を支援している。これらに共通するのは、公共図書館が主導して、まちライブラリーを活用してコミュニティ形成や本のある環境の整備をまち全体に広げていくことを目的としていることである。

### 事例４　大学施設に設置された事例

前述したように、大阪府立大学のサテライトキャンパスや立命館大学大阪いばらきキャンパスにはまちライブラリーが設置され、運営がなされてきている。新潟青陵大学・新潟青陵大学短期大学でも付属の大学図書館にまちライブラリーを併設している。京都橘大学では、学生が運営するまちライブラリーも誕生している。

以上、公共的な場に設置されているまちライブラリーについて紹介した。運営は、行政が直接ではなく図書館や指定管理者、市民団体等が行っている事例が多い。また行政が設置をする公共施設のコンペティション（提案型競争入札）等から生まれたまちライブラリーもある。

東大阪市の文化創造館（コンサートホール）では、ＰＦＩ事業の公募がおこなわれた折に、私が当該施設へのまちライブラリーの設置を提案し、採用された。日常の賑わいを作るために、教室が集まるエリアの吹き抜け階段周辺をまちライブラリーにし、音楽の演目がない日も一般開放していこうというもので、市民から好評を得ている。

このようにさまざまな運営者、場所、形態へと広がっているまちライブラリーを簡単に紹介したが、多様で、個性的なものが多い。まちライブラリーは、個人から組織まで誰もがやれることが影響していると考えられる。また、やり方に関しても特段の縛りがないので、小さいものから大きなものまで様々な形態のものが生まれてきたともいえる。

# 第4章　まちライブラリー運営者と利用者の実態

## まちライブラリーを始めるきっかけ

前章でみてきたように、多様な形のまちライブラリーが生まれてきたのであるが、広がりの要因はいかなるものであるのか。2019年に、まちライブラリーの運営者にアンケートをとってみることにした。(1) まちライブラリーを知った経緯について質問すると、次のような回答を得た。

「講演会などで」　30・5%
「知人の紹介」　29・5%
「既存のまちライブラリーを訪ねて」　23・8%
「メディア」　17・1%
「まちライブラリー関連書籍」　14・3%

対象者は、当時運営されていた655ヶ所の運営者で、回答してくださった105名の方の複数回答である。この数字から読み解けるのは、まちライブラリーは広く世に知られて広がったのではないということだ。むしろ自らが参加して見聞きしたことや知人からの情報でまちライブラリーを知って、活動を始めた人が多い。身近な情報が、運営者の行動に影響を及ぼしているのだ。組織的な応援や制度による裏付けもなく、ヒット商品のような知名度もなかったが、それぞれの人が自らの皮膚感覚をもとに活動を始めている。個人でもやれる規模感や自らの課題や夢をまちライブラリーを通して達成できるのではと思った人が多かったからではないか。活動当初から狙っていた「誰にでもできて、同じような気持ちや夢を持っている人へ自生的に広がる」が実現している。

第1章で綴ったように、私がまちライブラリーを始めた出発点には組織での行き詰まりがあり、自らのライフワークのような活動をしたかったというのが一番の理由で、それまでの仕事でもたずさわってきた本というメディアを活用し、自らにとって居心地のよい場所づくりを始めた。運営者になった人にも、同じように本とのつながりがあったのであろう。前章でも整理したが、特段の場所や専門的な知識や技量を持たなくても始められるという考え方が功を奏した。また活動が負担にならないで始められるということも大きかった。

## 運営を始める動機と活動の自己評価

次に活動を始める動機について考えてみたい。先ほどのアンケートで、活動を始めた動機を３つ挙げもらった。その結果が以下のものである。

「地域や施設を活性化させたかった」　41・５％
「本が好きだから」　20・８％
「人が来るようにしたかった」　11・３％

回答から分かるのは、地域や場所の活性化を求めて活動を始めた人が多いということだ。次に多いのが本が好きという回答で、そこから読み取れるのは、その本を活用して、場の活性化を意図していることであり、意外にも本好きが高じて始めたというより、本を活動の手段として捉えている人が多い。

さらに、まちライブラリーでの活動を自己評価してもらうと、以下のようになる。

「非常にうまく運営できている」　2・8％
「うまく運営できている」　22・6％
「どちらともいえない」　33・0％

「あまりうまく運営できていない」　27・4％
「うまく運営できていない」　14・2％

肯定的に捉えている人は「非常にうまく運営できている」「うまく運営できている」を合わせて25・4％、逆に「あまりうまく運営できていない」「うまく運営できていない」という否定的に捉えている人の回答を合わせると41・6％になる。「どちらともいえない」が33・0％である。

4人に1人が、比較的うまくやっていると感じ、3人に1人が、どちらとも言えず、うまく運営できていないと考えている人が4割に達していることになる。とくに運営者が一人であると自己評価が低くなる傾向があり、仲間がいる方が自己評価が高くなることもわかった。運営者が一人でやっている人のうち肯定的に捉えている人の割合は10・2％、仲間と運営している場合には、その割合が28・0％となった。

一人でやっていると孤独感や評価の指標が見えづらくなって否定的に評価しがちだが、仲間がいるとお互いに補完しあい、活動の意味を見出し、その評価を肯定しやすくなるのではと推察できる。しかし、そもそもなぜ壁にぶつかる人が多いのであろうか。壁にぶつかった人と、うまくいっている人、それぞれの声を聞いてみた。

### 行き詰まりを感じる人

最初に、まちライブラリーを店の集客増を見込んで本業の売り上げ等につなげていこうとした人が、結果がともなわず断念することになった事例から考察したい。

大阪で老舗の紳士服会社をもとに様々な事業展開を図っているAさんの事例を紹介しよう。Aさんは、大阪市中央区谷町地区で紳士服業の次男として生まれ、東京の大学を出て、東京で就職していたが、実家の仕事を継ぐために27歳で大阪に戻ってきた。IT関係の仕事をしていたこともあり、そこで得た技術とセンスを活かしてオンラインで販路を拡大するなどしていた。Aさんは、セミナーや勉強会を頻繁に開いており、そのような場所を自ら設けて、貸会議室として運用していた。そしてその場所にまちライブラリーを設置すれば、さらなる集客やコワーキング的な利用も見込めると考えていた。しかし、貸会議室事業は需要が伸びず、コワーキング的な利用も見込めないということで、まちライブラリーも閉鎖することになった。Aさん曰く、「まちライブラリーを図書館というイメージより、会議室として考えていた。本が好きなので本を並べて、セミナーやコワーキングルームの集客につなげようという動機だった。ただ貸会議室ビジネスは収益が上がらず成立しなかった」と話している。このようにまちライブラリーを収益や集客の柱にする目標を掲げても結果が伴わず、壁にぶつかることになる。

次に、律儀な運営が仇となり閉館することになった事例を紹介しよう。福岡県福岡市でアパートを改造し、創造的な仕事をする人に部屋を貸し出す事業を企画、運営していた不動産会社がある。

このプロジェクトには、役所に勤めるBさんが企画段階から関与していた。Bさんは不動産会社の担当者と相談し、施設の共用部にまちライブラリーを設置することにした。開設時には筆者も伺い、集ってこられた方にまちライブラリーの説明をし、その楽しみや意義をお伝えし、大手新聞でも大きく報道されるなど順調に滑り出した。その後、Bさんは、まちライブラリーを熱心に利用するCさんとともに本を持ち寄り、語り合う会を不定期に実施するようになる。しかしながら常設の人がいるまちライブラリーではないので、普段の利用は制限されており、これを解消するためにBさんとCさんは、イベントの定期開催を試みた。

当初はうまく運営されているようであったが、お二人が仕事の関係で忙しくなると定期開催が困難になり、本を持ち寄る会もほとんど実施できなくなってしまい、結果としてまちライブラリーも閉鎖することになった。Bさんは、「本の会は本当に楽しくて、お互い考えていることを知ることもできとてもよかった。他にもソーシャル・ユニバーシティとかボランティア活動で様々なところに顔を出していたが、他とは違う癒しの時間がまちライブラリーにはあった」と述べている。

他のボランティア活動では、上昇志向型の人もいて、それはそれで楽しく、刺激を受けるが、まちライブラリーでは、本が好きという人が集まってくるのでお互いにゆるやかな時間を共有できている気がして、気持ちが落ち着いたそうだ。しかし、定期開催の予定と仕事上での多忙が重なることが多く、結果として開催が難しくなり、このような場を失ったことを残念に思っていると話していた。個人に負担をかけすぎないようにすることも、まちライブラリーの大切さであり、そのような環境においてこそ、個々の人の喜びや癒しにつながり、活動の原動力になるのだと感じる。

この他にも沖縄で本を持ち寄るイベントを定期的に開いていたグループの事例がある。グループのリーダーは、大阪のISまちライブラリーに参加し、その楽しさを享受していたDさんである。Dさんは、もともと東京を拠点にするテレビ局に入社するが、最初の赴任地が大阪になり、その関係でISまちライブラリーに出入りし、中心的な役割を果たしていた。Dさんはその後、沖縄に転勤になり、その地でまちライブラリーを立ち上げることになる。Dさんは、その当時を次のように述懐している。「僕にとってまちライブラリーは、生きるために必要な装置だったんです。ISまちライブラリーで多世代の人と過ごす時間がとても心地良く、都会の中の家族と過ごすような時間は不可欠なものでした。沖縄に行ってそれを喪失したときにとても苦しい思いをしたので、仲間に場所を確保してもらい、今度は自らホストとなってまちライブラリーをやろうと思いました」。まちライブラリーが自らの生活にとってなくてはならないものであるという渇望感から沖縄のまちライブラリーを始めたことがわかる。

つづいて、「最初のうちは楽しかったです。ただ自分がホストになる苦しみが出てきました。仲間も転勤などで徐々に減り、毎月、定期開催することが辛くなってきました。正直、終わったことでホッとしました」と話している。ここでも義務感が苦しさにつながり、結果として終焉を迎えることになる。しかし、その後、次のような体験をする。「いったん終了してから市内にあるにぎわい広場で、本を持ち寄る集まりをやったんです。集まった人と話していると、本棚はなくてもよかったんだと、本を片手に話していることがまちライブラリーだと気づいたんです」と述べている。Dさんにとっては、場所より、人とゆるやかにつながる機会が大切だったことが見てとれる事例である。

## うまくいっていると感じる人

反対にうまくいっているという人としては、岩手県雫石町に興味深い事例がある。雫石町立図書館の司書でもある大坪正人氏は、2つのまちライブラリーの運営に関わっている。1つ目は、町立図書館に隣接している公民館で、もう1つは自宅に開設している。まちライブラリーを始めようと思ったきっかけは、「まちライブラリーのお話を聞いて、これなら手間がかからないかなと思ったんです。本を全部登録しなくちゃならないとか、そういうのでしたらお手上げでした。図書館の仕事って結構忙しいんですよね、見た目以上に。管理しなくてもうまくいくのがまちライブラリーのすごいところだなと。継続していくのもきつくないですしね。それでやってみたら、成果があった。図書館に寄贈を受けたのに既存の蔵書と重複して行き場所がない本などを活用できればと考えていたので、まちライブラリーが本を活かす場になっています。無人なので本がなくなったりもするんですが、まあ痛手はないです。最初は図書館員の持ち寄った70冊でスタートしたんですけど、そのうちに大量に寄贈されるようになりました」と、いとも簡単にできるように感じているようだ。

現地に出向いてみると、公民館のロビーの一角に幅90センチくらいの3段組の本棚が設置され、その中に200冊ばかりの本が配架され、そこに置かれたノートに借りていく人がタイトルと名前を書いていくようになっている。運営して2年で延200冊以上が借りられたことに、大坪氏は満足している。町立図書館が閉館している月曜日に図書館の返却BOXに返しに来た人が、公民館に立ち寄って本を借りてくれるのがわかり、利用者が使い分けをしているという。さらに大坪氏のアイデアは広がり、確定申告の期間、税務署に出張のまちライブラリーを設けている。「私は税務課にいたことがありまして、そのときに『待合室に本ないの？』って言われたんですね。で、雑誌を持っていったんですけど、あまり利用されているふうでもなかったので、じゃあ、まちライブラリーはどうかなと、臨時のまちライブラリーを開設したんです。そうしたら、けっこう読んでいるんですよ。わたしの直属の上司も税務課出身だったもので、すぐOKがでました」とまちライブラリーの効用を説明してくれた。大坪氏が、まちライブラリーで本を借りている人に尋ねると、貸し借りが自由なので気軽に借りられるとの反応があるなど、気軽さといったものがより利用者層を広げているともいえる。とくに大坪氏のおおらかで柔軟な対応が、まちライブラリーを生き生きさせている。

さらに大坪氏は、自宅でオカルトをテーマにしたまちライブラリーをやっている。「これは私の終活です。私ら夫婦もどっちが先に死ぬかわからないので、残った方がまちライブラリーをやるということで集めるだけ集めている。国立国会図書館みたいなもんです（笑）。今2000冊ぐらいになっているかと思います」とリタイア後の楽しみを増殖させているのである。大坪氏のように自らの興味をまちライブラリーに傾注していく中で、まちライブラリーは育っていっているといえよう。

自己課題を乗り越えるために始めた人も比較的うまくいきやすい。東京都小平市の廣田かおり氏は、生まれながら聴覚障がいがあり、子どもの頃はそれがもとで随分といやな思いをしてきたそうだ。そんな折にいつも逃げるように駆け込んでいた場所が図書館で、そのような場所を大人になったら作ろうと思って、飲食業、その中でも接客に興味を持ったそうだ。地方から東京に出てきて、数々の飲食店で働いた。就職の折には、必ず人と接客できる仕事に就きたいと願い出たが、結果として人と接する仕事は難しかろうということで皿洗いなどバックヤードの仕事に回されるばかりだった。そこで障がいがあってもなくてもフラットに出入りできる場所をつくろうと、自らカフェを作り、廣田さん自身がフロアに出て来訪者の注文をとり、会話をする場をつくった。

カフェの入り口や壁には本が並べられ、黒板にはまちライブラリーの説明や本の紹介がされるなどセンスの良い空間で、場所の意図が視覚的にわかりやすくなっている。とくに興味深いのは、店内での人とのつながり方である。廣田さんは注文を取りに行くときにメッセージボードを持っていくのであるが、最初に自らの名前を書いて、来訪してくれた方への感謝を表現して接する。お客さんもこれに対して、自らの名前を書いて返事をする。しばらくメッセージボードで「会話」をしてから注文を聞くことも多い。静かな「会話」が、この店を大事な場所にしているといえる。

ともすれば匿名で過ごす社会になりがちであるが、お互いに名乗り合うことがなければ人と人とはつながることもできないということを考えさせられる。このように廣田さんは、自らの障がいを乗り越え、人とつながること、人と人をつなげるという挑戦のために、まちライブラリーの運営をされている。気軽さや楽しさだけではなく、まちライブラリーを通して自己課題へ挑戦する人たちが始めた場合にも、その活動は継続的な活動につながりやすいのである。

## ソーシャル・キャピタルを得やすいまちライブラリー

まちライブラリーの運営者は、運営を始める前と後でどのような変化を感じているのか。先ほどのアンケートの中で、交流や人間関係に関しての質問をした。

まちライブラリーを始めての「人の交流」「人間関係」「近隣関係」「まちへの愛着」「本業の影響」の５つの項目についてそれぞれの変化を聞いてみた。結果は、表３の通りである。「人の交流」が増えたと回答した人は71・５％、「人間関係」が良くなったという人は64・７％となり、この２項目については非常に高い割合で、増加、あるいは良い方向にいっている。「近隣関係」での付きあいが増えたかという問いには、変化なしが60・０％ともっとも高く、次に良好になったが40・０％になっている。隣近所の人と本を通じてつながるより、もう少し距離のある人との出会いが多かったのだと推察される。「まちへの愛着」が増加したかという問いには、変化なしが54・３％と多いが、増加したと答えた人も45・７％になり、一定程度の影響があったと推察される。

「本業への影響」は、良好と答えた人が52・４％になり、まちライブラリーが日々の活動に良い

| | 人の交流 | 人間関係 | 近隣関係 | まちへの愛着 | 本業への影響 |
|---|---|---|---|---|---|
| 増加・良好 | 71.5% | 64.7% | 40.0% | 45.7% | 52.4% |
| 変化なし | 28.6% | 35.2% | 60.0% | 54.3% | 41.0% |
| 減少・悪化 | 0.0% | 0.0% | 0.0% | 0.0% | 1.0% |

表3　まちライブラリー運営者の交流、人間関係への影響（N〔サンプル数〕=105）

影響を与えているといえる。

以上のことから、ソーシャル・キャピタルが増加しているともいえる。ソーシャル・キャピタルは現代社会では一般語となりつつあり、あえて説明するまでもないかもしれないが、ロバート・パットナム〔Robert David Putnam：1941-〕が提唱したことにより、再認識された概念である。社会における人間関係、すなわち人との紐帯をソーシャル・キャピタル（社会関係資本）と呼び、社会の連帯感や互助性、信頼感を醸成する鍵になるとしたのである。

このように考えると、まちライブラリーを始めた人は、社会生活がより充実したものになっていると考えても良いのではないか。その関係性を体験する人が地域内で増加すると地域全体のソーシャル・キャピタルが増加し、社会全体にプラスの要因をもたらすと言ってもよいであろう。ソーシャル・キャピタルとまちライブラリーの関係性についての研究は十分ではないが、個人個人の活動がこのような社会的変化を生み出す可能性を持っているという視点からも示唆に富んでいる。

## 利用者の実態把握

ここまでまちライブラリーを運営する人たちの視点から見てきたが、まちライブラリーを利用する人たちはどのように感じているのであろうか。これを調べるために全国13ヶ所のまちライブラリーの利用者に対してアンケートを実施した。対象としたまちライブラリーは、次頁の表（表４）の通りである。

これら13ヶ所を選択した事由は、本の貸出等を行う会員システムが確立しており、全容が把握できる点である。まちライブラリーの多くは、自由に本を貸出したり、ノートや貸出カードに任意の名前を書いただけで利用できたりするところが多く、利用者を特定することが困難である。また１番から12番は、私が代表する一般社団法人まちライブラリーが運営しており、その実態を最も把握しているためである。ちなみに13番は、運営を宮崎県小林市の現地に設立された株式会社 BRIDGE the gap が市から委託されて運営している。この会社は、当地に地域起こし協力隊として派遣されていたメンバーが設立した会社で、小林市からの委託事業以外にも地元でコワーキングスペースを経営している。

アンケート結果[(3)]（表５）では、利用者は全体の34・９％が男性で65・１％が女性だった。しかしながら男女比は、各地によって大きなばらつきがあり、地域の特性が出ている。例えば、大阪府立大学では男性が75・４％になるが、サ高住に併設されている６番、８番、９番では８割以上が女性となっている。年齢幅も場所によりかなりの開きがあり、９歳以下から80代までいる。全体的には

| NO. | 対象まちライブラリー | 設置地区 | 設置場所 | 規模 | 会員数 | 回収数 | 常駐 | カフェ |
|---|---|---|---|---|---|---|---|---|
| 1 | IS まちライブラリー | 大阪市中央区 | オフィスビル | 100㎡ | 714 | 74 | ○ | × |
| 2 | もりのみやキューズモール | 大阪市中央区 | 商業施設 | 240㎡ | 5306 | 850 | ○ | ○ |
| 3 | 大阪府立大学 | 大阪市浪速区 | 大学サテライト | 250㎡ | 2146 | 118 | ○ | × |
| 4 | 立命館大学 | 大阪府茨木市 | 大学施設 | 80㎡ | 892 | 65 | ○ | × |
| 5 | ウエリス武蔵野関町 | 東京都練馬区 | サ高住 | 100㎡ | 34 | 5 | × | ○ |
| 6 | ウエリス東村山富士見町 | 東京都東村山市 | サ高住 | 100㎡ | 57 | 22 | ○ | ○ |
| 7 | ウエリス町田中町 | 東京都町田市 | サ高住 | 150㎡ | 207 | 35 | ○ | ○ |
| 8 | ウエリス成城学園前 | 東京都調布市 | サ高住 | 150㎡ | 201 | 30 | ○ | ○ |
| 9 | ウエリス津田沼 | 千葉県船橋市 | サ高住 | 100㎡ | 54 | 12 | × | ○ |
| 10 | ピッツァカフェ阿佐ヶ谷 | 東京都杉並区 | カフェ | 100㎡ | 105 | 38 | × | ○ |
| 11 | ららぽーと湘南平塚 | 神奈川県平塚市 | 商業施設 | 100㎡ | 296 | 97 | × | × |
| 12 | 千歳タウンプラザ | 北海道千歳市 | 文化施設 | 1000㎡ | 1912 | 256 | ○ | ○ |
| 13 | TENAMU ビル | 宮崎県小林市 | 複合ビル | 500㎡ | 564 | 36 | ○ | ○ |

（表注）
①規模は概算。その他数字は 2019 年 6 月時点。
②会員数は、本の貸出カード発行数。2019 年 6 月末時点での発行数を各地の申告で記載。
③回収数は、アンケートの回収総数。メールでの会員へのアンケート、現場配布数両方を含む。
④常駐は、まちライブラリーの専属スタッフが常駐しているところが「○」、いないところは「×」で表記。
⑤カフェに○をつけたものはカフェを併設している。ただし、4 番の立命館、11 番のららぽーと湘南平塚は隣接した区画がカフェになっている。

表 4　利用者アンケート対象まちライブラリー

30代から60代くらいの利用が多い。まちライブラリーの雰囲気については、概ね肯定的で、全体では「とても良い」「良い」を合わせると92・6％の人が肯定的な評価をしている。施設による評価格差はほとんどない。利用頻度は、月1回以上の利用をしている人が一番多く、全体では51・5％となっている。

利用目的については、全体でみると「本の閲覧」が一番多くなっているが、「カフェの利用」「勉強・仕事の場」「本の借出」なども一定程度あり、本が磁力となりながらも、複合的な理由で利用していることがわかる。

「本の閲覧」　42・7％
「カフェの利用」　35・4％
「勉強・仕事の場」　28・2％
「本の借出」　25・4％

利用してよかったことは？　という問いについては、「居心地」を挙げる人が一番多く、それぞれの人にとっての居心地の良さが、利用を促進していることがわかる。同時に「意外な本に出合えた」「イベントで知識が増えた」「イベントで人との出会いができた」など、新たな知見や人脈など自らの領域を広げることに役立つことを挙げる人も少なからずいる。

| NO. | まちライブラリー地区別（　）内略称 | N数 | 男性（%） | 女性（%） |
|---|---|---|---|---|
| 全体 | 全体 | 1614 | 34.9 | 65.1 |
| 1 | ISまちライブラリー（IS） | 74 | 40.5 | 59.5 |
| 2 | もりのみやキューズモールBASE（もり） | 836 | 29.3 | 70.7 |
| 3 | 大阪府立大学（府大） | 118 | 75.4 | 24.6 |
| 4 | 立命館OIC（立命） | 64 | 35.9 | 64.1 |
| 5 | ウエリスオリーブ武蔵野関町（関町） | 5 | 40.0 | 60.0 |
| 6 | ウエリスオリーブ東村山富士見町（東村山） | 22 | 18.2 | 81.8 |
| 7 | ウエリスオリーブ町田中町（町田） | 35 | 31.4 | 68.6 |
| 8 | ウエリスオリーブ成城学園前（成城） | 30 | 20.0 | 80.0 |
| 9 | ウエリスオリーブ津田沼（津田沼） | 12 | 16.7 | 83.3 |
| 10 | ピッツァ フォルノ カフェ阿佐ヶ谷（カフェ） | 36 | 36.1 | 63.9 |
| 11 | ららぽーと湘南平塚（平塚） | 92 | 33.7 | 66.3 |
| 12 | 千歳タウンプラザ（千歳） | 254 | 37.0 | 63.0 |
| 13 | TENAMUビル（小林） | 36 | 36.1 | 63.9 |

表5　まちライブラリー地区別男女比（N数以外の数値は%）

| NO. | 略称 | N数 | 9歳 | 10代 | 20代 | 30代 | 40代 | 50代 | 60代 | 70代 | 80代 |
|---|---|---|---|---|---|---|---|---|---|---|---|
| 全体 | | 1618 | 0.6 | 9.4 | 11.7 | 21.0 | 23.7 | 15.0 | 12.1 | 5.4 | 1.1 |
| 1 | IS | 74 | 1.4 | 9.5 | 5.4 | 16.2 | 20.3 | 21.6 | 20.3 | 5.4 | 0.0 |
| 2 | もり | 837 | 0.1 | 4.7 | 11.7 | 24.0 | 27.4 | 16.7 | 10.5 | 4.3 | 0.6 |
| 3 | 府大 | 118 | 0.0 | 0.8 | 14.4 | 21.2 | 25.4 | 13.6 | 15.3 | 6.8 | 2.5 |
| 4 | 立命 | 64 | 0.0 | 3.1 | 6.3 | 7.8 | 25.0 | 25.0 | 23.4 | 9.4 | 0.0 |
| 5 | 関町 | 5 | 0.0 | 0.0 | 0.0 | 20.0 | 20.0 | 20.0 | 20.0 | 20.0 | 0.0 |
| 6 | 東村山 | 22 | 4.5 | 9.1 | 4.5 | 4.5 | 13.6 | 22.7 | 18.2 | 9.1 | 13.6 |
| 7 | 町田 | 35 | 0.0 | 0.0 | 11.4 | 20.0 | 17.1 | 8.6 | 20.0 | 17.1 | 5.7 |
| 8 | 成城 | 30 | 0.0 | 6.7 | 6.7 | 53.3 | 6.7 | 10.0 | 13.3 | 3.3 | 0.0 |
| 9 | 津田沼 | 12 | 41.7 | 25.0 | 8.3 | 0.0 | 16.7 | 8.3 | 0.0 | 0.0 | 0.0 |
| 10 | カフェ | 38 | 0.0 | 10.5 | 13.2 | 23.7 | 21.1 | 10.5 | 15.8 | 2.6 | 2.6 |
| 11 | 平塚 | 92 | 2.2 | 21.7 | 10.9 | 18.5 | 26.1 | 9.8 | 7.6 | 1.1 | 2.2 |
| 12 | 千歳 | 255 | 0.0 | 27.5 | 13.7 | 14.5 | 16.1 | 9.4 | 11.0 | 7.5 | 0.4 |
| 13 | 小林 | 36 | 0.0 | 5.6 | 22.2 | 25.0 | 19.4 | 11.1 | 5.6 | 8.3 | 2.8 |

表6　まちライブラリー地区別年齢比（N数以外の数値は%）

| NO. | 略称 | N数 | とても良い | 良い | 普通 | あまり良くない | 良くない |
|---|---|---|---|---|---|---|---|
| | 全体 | 1635 | 52.1 | 40.5 | 6.3 | 1.0 | 0.1 |
| 1 | IS | 74 | 47.3 | 45.9 | 5.4 | 1.4 | 0.0 |
| 2 | もり | 849 | 53.7 | 40.3 | 4.9 | 0.9 | 0.1 |
| 3 | 府大 | 118 | 48.3 | 44.9 | 5.1 | 1.7 | 0.0 |
| 4 | 立命 | 65 | 46.2 | 43.1 | 7.7 | 3.1 | 0.0 |
| 5 | 関町 | 5 | 60.0 | 20.0 | 0.0 | 0.0 | 20.0 |
| 6 | 東村山 | 22 | 59.1 | 27.3 | 13.6 | 0.0 | 0.0 |
| 7 | 町田 | 35 | 65.7 | 34.3 | 0.0 | 0.0 | 0.0 |
| 8 | 成城 | 30 | 70.0 | 30.0 | 0.0 | 0.0 | 0.0 |
| 9 | 津田沼 | 12 | 58.3 | 25.0 | 16.7 | 0.0 | 0.0 |
| 10 | カフェ | 38 | 34.2 | 60.5 | 5.3 | 0.0 | 0.0 |
| 11 | 平塚 | 96 | 37.5 | 40.6 | 19.8 | 2.1 | 0.0 |
| 12 | 千歳 | 255 | 54.5 | 38.4 | 6.7 | 0.4 | 0.0 |
| 13 | 小林 | 36 | 52.8 | 38.9 | 8.3 | 0.0 | 0.0 |

表7　まちライブラリーの雰囲気について（N数以外の数値は％）

| NO. | 略称 | N数 | 月1回以上 | 半年に数回程度 | 年に数回程度 | ほとんど利用しない | 初めての利用 |
|---|---|---|---|---|---|---|---|
| | 全体 | 1626 | 51.5 | 15.0 | 12.7 | 6.4 | 14.4 |
| 1 | IS | 74 | 48.6 | 13.5 | 21.6 | 14.9 | 1.4 |
| 2 | もり | 843 | 47.5 | 17.2 | 13.0 | 5.3 | 17.0 |
| 3 | 府大 | 118 | 48.3 | 12.7 | 18.6 | 16.9 | 3.4 |
| 4 | 立命 | 65 | 47.7 | 21.5 | 20.0 | 10.8 | 0.0 |
| 5 | 関町 | 5 | 20.0 | 20.0 | 0.0 | 20.0 | 40.0 |
| 6 | 東村山 | 22 | 59.1 | 22.7 | 9.1 | 4.5 | 4.5 |
| 7 | 町田 | 35 | 54.3 | 17.1 | 8.6 | 0.0 | 20.0 |
| 8 | 成城 | 29 | 62.1 | 6.9 | 0.0 | 6.9 | 24.1 |
| 9 | 津田沼 | 12 | 25.0 | 50.0 | 16.7 | 8.3 | 0.0 |
| 10 | カフェ | 38 | 39.5 | 7.9 | 10.5 | 2.6 | 39.5 |
| 11 | 平塚 | 96 | 51.0 | 9.4 | 8.3 | 9.4 | 21.9 |
| 12 | 千歳 | 254 | 69.3 | 9.1 | 9.4 | 0.8 | 11.4 |
| 13 | 小林 | 35 | 54.3 | 14.3 | 8.6 | 11.4 | 11.4 |

表8　利用頻度について（N数以外の数値は％）

「居心地」　59・7％
「意外な本に出合えた」　38・9％
「勉強・仕事がはかどった」　26・1％
「本を通して新しい知識を得られた」　21・1％
「イベントで知識が増えた」　14・8％
「イベントで人と出会えた」　12・7％

まちライブラリーで人とのつながりを感じるかという質問に対しては、全体では、以下のようになる。

「はい」　34・3％
「どちらとも言えない」　46・9％
「いいえ」　18・8％

全体では、過半の人が人とのつながりを感じるまでにはいたっていないが、比較的小規模なまちライブラリーである1番のＩＳまちライブラリーでは54・1％、4番の立命館大学では64・6％、サ高住に併設しているところでは、約4割から7割の人がつながりを感じている。施設規模が大きいとその割合が下がる傾向にある。しかしながら施設規模が大きい12番の千歳タウンプラザでは42・5％、13番の小林市のＴＥＮＡＭＵビルでは55・9％と、施設規模の割には多くの人が人とのつながりを感じている。まちの規模が他のまちより小さく、その影響もあるといえるだろう。

最後にどんな時に人とのつながりを感じるかという質問には、多くの施設で「スタッフとの会話」をあげている。全体では52・4％となり、高いところでは80％を超えているところもある。とくにサ高住の調査では、入居者、来訪者ともに「スタッフとの会話」をあげている人が多い。高齢者の施設では、手厚いお世話や介護スタッフがいるにもかかわらずまちライブラリーのスタッフとの関係性が最も人のつながりを感じると答える人が多い。私の論文（２０２０ａ）で詳述したが、ある施設の入居者は、サ高住のスタッフは忙しそうで声をかけると悪い気がすると答えていた。普段、身の回りのサービスをしてくれる人が親切であっても、他の入居者にもサービスをする立場であり、どうしても遠慮してしまうことがわかった。その点、まちライブラリーのスタッフに世間話をしたり、本の話をしたりすることは、息抜きになったり、普段の生活で人とつながる時間だと感じているのであろう。このことからまちライブラリーでは、本も大切であるがその場にいるまちライブラリーのホスト役がとても大切な役回りをしていることが分かってきた。現代生活の中で、何気ない会話をできる人が少なくなっているともいえる。直接の利害関係を伴う向き合った関係ではなく、特段の利害を伴わない斜めの関係性が、生活に潤いを与えるために求められているのであろう。

## 利用者の自己実現の場

利用者の生の声はどうであろうか。何名かの利用者からお話をうかがった。

大阪市のISまちライブラリーを利用している2歳児の母、Aさんは、「公共図書館より近くにあって便利で利用している。子どもが小さいので、公共図書館だと声を出したりして気を使うけれど、ISまちライブラリーはとくにそのようなこともなく、気軽に利用できる。絵本も買うと高いし、ここなら良い絵本があって助かります」と言っている。近隣にある利便性と読みたい絵本へのアクセスの良さ、子どもが騒いでも気を使わなくてすむ気軽さをあげている。

まちライブラリー@もりのみやキューズモールを利用するBさんは、「編み物会をやる場所を探していてまちライブラリーを見つけ、ここで編み物会をやっている。飲み物代を払えば、気軽に場所を使えて、編み物会の運営にとって好都合だ。編み物の楽しみを一人でも多くの人に知ってもらいたい」と言っている。他の場所では難しかったことが実現している喜びを感じているのがわかる。

さらに、同じまちライブラリー@もりのみやキューズモールで絵本の読み聞かせをしているシニアの女性Cさんは、次のように語っている。「結婚して平野区（大阪市）に住んでいたが、主人の看病で森ノ宮に戻ってきた。まちライブラリー@もりのみやキューズモールで絵本の読み聞かせができるようになって幸せです。元々、歯医者の家に嫁ぎ、主人や子どもの世話をして裏方をやってきたが、60歳になった折に、これから先は家のことをやるより外に出た方が良いと思って、平野区図書館で読み聞かせの講習を受けた。それを活かした生き方ができるのが嬉しい」と自らの夢の実現に充実感を感じている。

また、ISまちライブラリーの利用者でボランティアの一人だったDさんは、一人暮らしをしようと淡路島から大阪に出てきた。大阪に来て入社した企業がややブラック企業で、心身を壊して辞めざるを得なくなり、今はリハビリ中で、社会復帰にむけてISまちライブラリーにきている。Dさんは、「本を媒介にして人と話したりすると気おくれせず人とつながれるというのが心地良く、まちライブラリーは心の安全弁のような気がする」と発言している。

このように利用者は、単に本を手に取る場所としてや、借出しや読書の場所と考えているだけでなく、自分の夢や課題を解決する場としても捉えている。前述したように運営者の多くもまちライブラリーを通して自己実現を目指しており、結果として周囲の利用者もその場を自己実現の場として捉えているのである。本がある場を双方が自己実現を目指す場として捉えているのが興味深い。

## 主観的な価値観が壁を突破する鍵

ここまで見てきたように、まちライブラリーは客観的な数字の目標を求める活動というより、運営する人や利用する人、それぞれの主観的な価値観により、活動の意味や目的が変わってくる営みだといえる。その視点を整理すると次のようになる。

まちライブラリーを運営している人でも、同じ本を置くという行為でも、本を置くこと自体に意義を感じている人と、本を置くことを手段に別の成果を求めている人とによって、違いが出てくる。例えば、亡くなった奥様の本を誰かに見てもらいたいとか、児童書やオカルトの本を集めておきたいという人は、それらの本を置いて公開することにより、既に目的を達成しているといえる。それに対して、本を置いて貸会議室の稼働をあげようとしたり、その本を多くの人に見てもらいたいと考えている人は、本を置くことは別の目標を達成するための手段となっている。この場合、目標に達しない場合は失望したり、行き詰まったりと当初の目標を達成できない焦燥感を持つことになる。

このようにまちライブラリーでは、運営者の動機によってあり方に大きな差異が出やすい。自らの課題や夢や趣味が優先されている場合、あえて言えば自己的な目的を優先して本を置いている場合は、その場所に人が来るとか、貸出しが増えるとか他者の反応は二次的な問題になり、あまり気にかけることはなくなり、結果として場づくりが継続されやすい。これに対して、本を置くことにより、人を呼びこもうとか、売り上げを上げることを目標とすると、それを達成しえない場合には、場づくりとして失敗だと判断しがちで、終息に向かいやすいのである。個々人の個人的な動機が、それぞれの人の力を引き出し、結果として周囲にとっても利用したくなる場になっている。自己都合的な動機が、利他的な役に立つという捻じれた結果を生んでいるともいえる。

また運営者と利用者との間にも思惑の違いが生まれている。運営者の多くは、多少とも本を置くことで、そこに人が来てくれることを望んでいる。言い換えれば、本を置いて場づくりをしようという意図を持ちやすい。これに対して、利用者は本を借りやすいとか、誰かと待ち合わせをしやすいとか、イベントをしやすいなど、それぞれの思いでその場を利用しており、その場を作ろうという意識は薄い。両者の立場は、ある意味相違しているともいえる。しかしながら、運営者が置いている本から透けて見えてくる運営者の感性や気質が、その場の空気感を作り、利用者もその雰囲気に吸い寄せられて利用しているうちに両者が持つ意図が絡み合い、その場の雰囲気が生まれてくる。

このようにそれぞれの主観的な意図や意思の違いが、多様性をもたらすと同時に、寄り添い、結びつきやすい相手を引き寄せ、独自の場を形成しているといえる。

# 第5章　地域と人とまちライブラリー

## 地域におけるまちライブラリーの存在感を検証する

前章では、まちライブラリーの運営者と利用者の実態を紹介してきたが、本章では、まちライブラリーが地域に影響を与えている事例を紹介する。一つのまちライブラリーが誕生したことで、さらに別のまちライブラリーを誕生させる。それらが連坦して地域で存在感をもち、市民生活に影響をもたらしている事例を通して、「個」が地域社会で活躍できることの素地を考察したい。

従来、地域社会での公的な活動は、行政など公的な機関が行うものであると認識されてきた。自治体が主体になり制度や組織を形成し、活動拠点作りや環境整備が行われてきた。しかしながら近年、財政等の緊縮化により公共による活動は縮小や削減が余儀なくされている。また新自由主義的[1]な考え方のもと「自助、共助、公助」という、可能な限り自らの力で課題を解決し、個人がお互いに支えあう社会を形成していくことが求められ、公的な支援は最後に頼りにするという考えを、ある程度受け入れざるを得ないとみなすようになってきた。しかし、一見すると筋が通っているように思える考えではあっても、現実の社会では誰からも手助けを受けられない人たちもいるということも指摘されている。このような中で、大きな政府か小さな政府かといった政策選択の議論がなされている。しかしながらこの議論の中には、個人が生きやすい社会という視点が忘れられがちになっている気がしている。択一論で議論するのではなく、個々の人が自らの力で、社会的な役割が持てていると感じられる社会を形成することが大切ではないかという視点から、まちライブラリーは運営されてきた。その結果、地域において個々のまちライブラリーが連鎖的に広がり、その活動がさらに地域へ影響を与えている事例がいくつか生まれている。これらの事例を通して、「個」が主役になれる社会へのヒントを考えていきたい。

まず初めに、最も活動がさかんな大阪市中央区にあるまちライブラリーがどのように広がっていったかを紹介し、次に岩手県雫石町での展開、さらに埼玉県鶴ヶ島市での事例を通して、「個」の役割を考察していきたい。さらに北海道千歳市におけるまちライブラリーの閉鎖と復活の過程を振り返り、その場を利用してきた個々の市民が持つ力についてふれたい。最後に、長野県茅野市における本を活用した活動が地域の活性化につながっている様子を紹介しながら、「個」と本が結合することによる可能性と課題について、触れていきたい。

## 大阪市中央区のまちライブラリー概況

大阪市中央区は、面積８・87㎢で大阪市の中心区である。人口は11万４千人ほどで、大阪城周辺の官庁街、御堂筋の大規模オフィス街、心斎橋などの商業集積地がある。国や大阪府の行政機関や企業、商業施設が集積している、いわゆる都心地域である。

ＩＳまちライブラリーは、大阪城周辺の官庁街に隣接した中小のビル、マンションが集積するエリアにあり、かつては地域全体が谷町と呼ばれていて繊維産業が集まっていることで有名だったが、その産業の衰退と共に、都心居住地区として人気が出てきたエリアである。２０１９年３月時点までに大阪市中央区には、累計で32ヶ所のまちライブラリーが設置されたが、11ヶ所が閉鎖、１ヶ所が移転している。当該地区には、前述したＩＳまちライブラリーがあり、その周辺にまちライブラリーがまとまって生まれた。もりのみやキューズモールのような全国的に影響を与えた大型のまちライブラリーも設置されており、これらの誕生の経緯やそれぞれの意図を調査することにより、全国でまちライブラリーが広がった要因が推察できる。

はじめに前述したＩＳまちライブラリーについて、私以外の関係者がどのような視点でたずさわってきたのかを、次節ではその他のまちライブラリーの関係者の声を中心に振り返ってみたい。

## ＩＳまちライブラリーの立ち上げを支援した人たち

幾度かの行き詰まりは経験したものの、ＩＳまちライブラリーは誕生期から今日まで、最も長く活動を継続しており、またここを起点に他のまちライブラリーが広がっていった。地域でまちライブラリーを始めたいという人がいると、私がその人のところに行って、まちライブラリーの説明をしたり、立ち上げのお手伝いをしたりしてきた。それにより、結果として、大阪を中心に徐々に数を増やしていった。2011年から2013年のことである。この時期は、まちライブラリーにとって実験的な時期ともいえる。

話を聞かせてもらった人は、4名である。1人目は、ISまちライブラリーが設置されているアイエスビルの入居者で、建築家の笠原啓史氏。ビルをリニューアルした折に、自宅のリビングのような居心地のよいオフィスを目指して近くのビルから移ってきた。次に、別の階をリノベーションした際に入居した、IT会社を経営している前川浩平氏である。3人目は、ISまちライブラリーの一角をシェアオフィスとして借りている奥野修氏である。最後に、ISまちライブラリーの「本とバルの日」の運営を担っていた、やすいじゅんこ氏である。

最初に、笠原氏にまちライブラリーの構想を聞いたときの感想を話してもらった。

「礒井さんからまちライブラリーを作りたいと言われたので、みんなで本棚づくりのワークショップから始めて、人を巻き込みながらやっていくと思いが詰まっていくと提案させてもらった。そうやって、実際は私自身がこの活動に巻き込まれたんです。まちライブラリーは、それなりにうまくいくと思ったが、こんなに広がるとは思っていませんでした。せいぜいこのビルの周辺に広がる程度かなと思っていました。やってみると、ビルの中での横のつながりも生まれてきました。それで居心地も良くなってビルから出られなくなった。自分が興味のある本を置いているので、それを借りてくれる人がいると、この人も同じことに興味があるんだなと分かる。本を通して寄贈してくれた人とつながった気がして、心地良い面白さがある」と発言している。積極的にまちライブラリーを推進したというより、受け身でまちライブラリーに関与したが、結果として周りとのつながりを得て、入居したビルでの居心地も良くなり、本を通じて周りの人たちと知り合うことになり共通の興味を持つことができたと感じている。

次に、ＩＴ会社の経営者、前川氏の声を聞いてみる。

「まち塾@まちライブラリーの説明会イベントのチラシを見て、面白そうだなと飛び入りで入った。本棚のワークショップでは、笠原さんの知り合いの大工さんとも協力し、一緒に製作手順書も作ったのは幸せな時間だった。ＩＳまちライブラリーの拡張は、礒井さんにとっては決断と覚悟がいったと思います。ビルの家賃をどうするのか、開設当初は常駐する人もいなくて持ち回りで管理したりしました。（中略）僕の家は吹田です。吹田と同じくらいこのＩＳまちライブラリーのある地域が自分の場所になっている。まちを歩いていて声掛けできる関係者が広がりました。アイエスビル以外にもまちライブラリーが広がって、地元感ができてきました。とくに嬉しいのは、ＩＳまちライブラリーに地元の子どもたちが集まってきて、安心、安全に遊べる公園のようになったことです。かつて学生時代にそのような公園を作りたいと考えたことが、自ら入居するビルにできたことが嬉しいのです」

まちライブラリーとは偶然に出会い、本棚づくりのワークショップあたりから運営当事者の目線で発言されるようになった。自らが関与したまちライブラリーを通して地域の人間関係も生まれ、自宅のある地域同様に愛着を持っている。子どもたちが来館することも我が事のように喜んでおり、運営当事者的な発言と言える。

さらに奥野氏の発言を見てみる。奥野氏は、ISまちライブラリー内に1棚を使い「まちライブラリー@住みよいまち&絆研究所」を設置し、ご自宅に「まちライブラリー@みのり文庫」を設置し、運営している。ちなみにみのり文庫の方は、亡くなられた奥様が設置し、運営されていたが、その後も引き継いで運営されているまちライブラリーである。

「まちライブラリーのことを聞いたときは、正直やろうとは思っていなかったが、このビルのシェアオフィスを借りており、これから立ち上げていこうという機運だったので応援しようと思ったのです。大阪生まれでしたが、滋賀で仕事をしていたので、この活動を通して多くの知己を得ることができました。それが財産になっています。全国にまでまちライブラリーが広がるとは思わなかったです。公共図書館に行っても、本とは出合っても人と出会うことはない。衝撃だったのは、まちライブラリーで本を紹介しながら自己紹介するやり方でした。知らない人同士でドキドキして何をしゃべろうかなと思う時に、今、僕はこの本に興味があるんですと言ったらスッと話し出せて、みんなが聞いてくれる。面白いと思いました。パーソナリティと本が重なりあってくる」

奥野氏は、けっしてまちライブラリーに積極的に関与しようとは思っていなかったと語った。しかしながら結果として自らの人間関係を構築する足掛かりになった。また本の紹介による自己紹介というやり方を高く評価している。

最後に、やすい氏の話を聞いてみた。

「まち塾で、多種多様な人の集まりに初めて参加しました。その会で何年も会わなかった友人にも出会って、同じ空気感というか、そういう感覚の人が同じ場所に集まってくるんやなと思いました。本とバルの日は、当初は楽しかった。自宅でやろうと思っていたことができたんです。ただSNSを使って参加者が広がると、ぜんぜんジャンルの違う方も来られて、なんか空気感が変わってきて、それで2016年にやめたんです」

やすい氏は、「本とバルの日」で仲間と楽しく料理を食べながら、人の輪をつなぐことを大切にしていた。当初のISまちライブラリーにあった雰囲気が変化する中で、仲間だと思えない人が来るようになって、当初の楽しみを失っていったという。感性や思いの通う人とのつながりを大切にする場が大事で、それが失われると関与することをやめる。友達の輪の延長線上に、まちライブラリーを置いている。

以上が、ISまちライブラリーが立ち上がるまでに関与した人からの声である。それぞれに関与の立ち位置は違うが、それぞれの人間関係を築いていくことでそこでの役割を担ってきたともいえる。身近な誰かを支えたいという思いが、活動の原点になっているともいえる。

## 大阪市中央区全体への広がりと運営者の顔

このような関係性は、大阪市中央区にあるまちライブラリー全体にいえるのかどうかを考察するために、他のまちライブラリー運営者にもヒアリングした。その結果を記す前に、大阪市中央区と全国のまちライブラリーの年度別の設置件数を表にまとめた（表9）。全国の年度設置数と比較すると、中央区ではまちライブラリー開始年度と大阪府立大学の開設年度に集中している。

ヒアリングは、２０１９年2月に実施したが、当時運営されていた20ヶ所のうち、６ヶ所の声を紹介する。内訳は、ＩＳまちライブラリー設置当初の２０１１年から12年頃に設置した２ヶ所、大阪府立大学のまちライブラリーができた２０１３年頃に設置した２ヶ所、２０１６年以降に設置した２ヶ所、合計６ヶ所の声を紹介する。

まず２０１１年から12年にかけて始まった２ヶ所の運営者お二人の概況と声を紹介する。

岸本知子氏は、老舗のボタン屋の社長で、ＩＳまちライブラリー開設当初に私が声をかけてまちライブラリーを始め、その後、閉鎖している。岸本氏は、まちづくりに関心を持っており、伯父が経営していた会社を引き継いで会社経営を行いながら、当該地区にある公園を中心としたまちづくりを手伝っている。

「まちライブラリーは、常駐者がいなくて継続することはできなかったが、地域づくりの一環という視点でお付き合いした。現在も会社の持つビルの2階をサロンにして人の輪を広げている」と発言していることからもわかるように、地域活性化を目指して始めたことがわかる。

| 年度 | 中央区 | 全国 | 出来事 |
|---|---|---|---|
| 2011 | 6 | 13 | IS まちライブラリー開設 |
| 2012 | 3 | 16 | |
| 2013 | 8 | 56 | まちライブラリー@大阪府立大学開設 |
| 2014 | 3 | 49 | |
| 2015 | 5 | 123 | まちライブラリー@もりのみやキューズモール開設 |
| 2016 | 1 | 152 | 旧まちライブラリー@千歳タウンプラザ開設 |
| 2017 | 3 | 127 | |
| 2018 | 2 | 123 | |
| 2019 | 3 | 101 | |
| 2020 | 1 | 63 | |
| 2021 | 1 | 81 | 旧まちライブラリー@千歳タウンプラザ閉鎖 |
| 2022 | 1 | 81 | 新まちライブラリー@ちとせ再開 |

注　調査時点（2022年12月）表示

**表9　まちライブラリーの年度別設置数（大阪市中央区と全国比較）**

島慶壽《けいじゅ》氏は、お寺の住職で私の高校時代の恩師にあたり、まちライブラリーを説明する機会を得て、堂内に設置することを決められた。

「知らない本を紹介されたり、自分が読んだ本を紹介したりできるのがいいねと檀家さんからも言われる。縦や横のつながりも大事だけど、斜めのつながりが大事だと感じる」と実感を伝えてくださった。

このお二人は、ＩＳまちライブラリー開設当初にお声がけをした人で、私と直接の関係ができたことを機会に、まちライブラリーを設置している。次に、２０１３年４月に開設された大阪府立大学のまちライブラリーが始まる前後にまちライブラリーを始めたお二人を紹介する。

出崎栄三氏は、個人経営の老舗テイラー店

をやっている。まちづくり活動にも積極的に参与し、最初に紹介した岸本氏のところで10冊ばかりの本があるまちライブラリーを見て、自ら始めることになった。周辺のまちライブラリー運営者と「だいたい満月に、ぶらりまちライブラリーラリー」という月替わりで運営する本を持ち寄るイベントを実施している。

「人とのつながりは増えている。まちライブラリーは、大きなものより小さなものがつながって動いていくところが一番いい。先祖が出てきた大阪で育ててもらった。大阪という地域には貢献したいと思って活動している」

梅山晃佑《こうすけ》氏は、人材の教育・紹介業を営む団体に所属しているが、大阪市中央区の空堀《からほり》地区で「往来」というコワーキングスペースをつくり、そこにまちライブラリーも併設している。「2畳大学」という、自宅の畳2畳のスペースを大学にみたてて勉強会を行う場づくりも実施している。「2011年に大阪まち塾に参加してまちライブラリーを知った。本を使ったコミュニケーションの場づくりの可能性は感じていた。10冊もあれば始められるのが良い」（「往来」は2023年1月閉鎖）

この時期に始めた2人は、私とのつながりというより、別のまちライブラリーを訪ねたり、まち塾のイベントに参加したのをきっかけに、自分なりに咀嚼して自らの活動に付加する形でまちライブラリーを始めている。周りの情報と自らやってきたことの組合せでまちライブラリーを運営しているといえる。次に、2016年から18年という時期に始めたお二人を紹介する。

壽谷祐実《すだにゆみ》氏は、梅山氏が運営するコワーキングスペース「往来」のあるビルの一角（３㎡程度）を借りて、人の話を聞く「ことばを食べるカフェ　みずうみ」を運営している（２０２３年京都市東山区に移転）。本棚の代わりに冷蔵庫の中に本を配架している、ユニークなまちライブラリーである。日中はアルバイトをし、その収入で場所代を捻出している。

「働いていたコールセンターをやめた時に、人の話を聞くのが好きなのでこの場所をつくりました。本を置くと知的な活動の場所だということが表現でき、人も本につられてくるのでそれはすごいなと思います。昼間は無人で誰でも入ってゆっくりでき、夜は仕事を終えた私がきていろいろ話を聞いたりしていますが、私自身が落ち着く場所です」

72頁で紹介した会計事務所の溝川裕也氏は、大阪府立大学のＯＢで難波のサテライト校にできたまちライブラリー＠大阪府立大学を見てまちライブラリーを認知した。公認会計士の資格をとって飲食業に特化した会計事務所を作り、その事務所内に飲食業をやる人に役立つ本を集めたまちライブラリーを併設した。

「お店をやっている人はなかなか本業が忙しくて本を読めない。だったら僕が代わりに飲食業に関する本を読んで勉強し、それを提供しようと思った。もともと図書館が好きだったし、知識が増えた分、アドバイスに役立つ」

このお二人は、それぞれご自分の領域を決めており、それぞれの領域を充実させるためにまちライブラリーを活用している。壽谷氏は、自らの居場所を知的な空間にするために本を活用し、溝川氏は自らの業務をより充実させるためにまちライブラリーを活用している。結果としてそれぞれの利用者にとって役立つ場にしているとも言えるが、まずは自らの世界観を確立するための手段と捉えている。

　ここまで大阪市中央区にあるまちライブラリー運営者の声を紹介してきた。この地区には、冒頭紹介したように、私自身が模索をして始めたISまちライブラリーがあり、それに直接巻き込まれた人たちは、まちライブラリーを始めるというより私の活動を応援しようという姿勢であった。しかし、結果として自らの人脈を形成したり、活動領域を確立したりしている。ただ、仲間意識を感じるには適正な規模があり、共感を持てる仲間の範囲を越えたと感じる人は、まちライブラリーから去っていく。このように最初は、私との関係性が濃いところでの活動であったが、時とともに別の人間関係や他のまちライブラリーからヒントを得て、自らのスタンスでまちライブラリーを開始する人が出てきた。始めて2年後の2013年には、私との直接的な関係性を越えて伝搬していることが分かってきた。とくに近年では、まちライブラリーを自らの活動領域にどのように取り込むかを視野に入れた活動が見られるようになってきており、それぞれの視野から見た独自色の強いまちライブラリーが生まれている。これが、大阪市中央区に派生的に設置されたまちライブラリーの実態である。

## 岩手県雫石町の個人力

岩手山を望む広々とした草原を抱える小岩井農場をはじめ自然豊かな雫石町に初めて立ち寄ったのは、2016年2月の雪深い日であった。東京23区とほぼ同じ面積の広大な町域に1万6千人ほどが住んでいる。小岩井農場に隣接する広大な町有地を日本版CCRC（Continuing Care Retirement Community：中高年が移住し、将来、豊かに老後を過ごすことができるように整備をした地域）の適地として町から計画の依頼を受けたコンサルティング会社が、まちライブラリーを当該地に併設できないかという意図のもと、私の講演会を企画してくれた。そこに参集したまちの人50名ほどにまちライブラリーについて説明するとともに、ワークショップを行った。それぞれグループに分かれて、自らまちライブラリーをやるとしたらどのようなところで、どんなものが考えられるかをワークショップ形式で考え、発表してもらった。

この講演会とワークショップを機に、町内に数ヶ所のまちライブラリーが誕生した。その1つが、「雫石町まちおこしセンターしずく×CAN」に設置されているまちライブラリーである。ここのまちライブラリーを運営しているのは、NPO法人まちサポ雫石である。代表の櫻田七海氏は、結婚を期に当地に移住してきたが、シングルマザーとなった折に個人経営の親子カフェを営み始めた。子育てをしながら仕事ができる環境を、自らで作ろうというものである。そこには、すでに漫画本や子どもの絵本が置かれていたので、まちライブラリーの話を聞いて、これなら今からでもすぐに登録できるとワークショップの受講者第1号で申請してくれた。

2018年6月、雫石町の調査に再訪した折に、当時どう感じたのかをヒアリングしてみると、「もともと本、とくに漫画本が好きで、小さい店舗で、狭いながらも本棚に漫画本を並べたり子どもの遊び場に絵本を置いたりしていたんです。まちライブラリーという仕組みをお聞きして、なるほどこういうふうにすると、ただここに置いてある本が人との交流にもなるんだなと。しかも、なんていうか、簡単だったっていう感じがしたんです」と振り返っている。その後、櫻田氏は、地元の子育て支援のNPO法人の代表を譲ってもらった折に、名称も定款も変えて、現在のNPO法人まちサポ雫石を発足させ「まちおこしセンターしずく×CAN」の運営委託先の募集に手をあげた。まちライブラリーを施設内に設置し、自らのカフェやNPO法人の事務所を移設する提案をして受け入れられたのである。個人経営のカフェからNPO法人の代表になり、事業をまちおこしにシフトし、さらにはまちおこしセンターの指定管理者へと、とんとん拍子に役割を昇華させていった。

まちおこし事業とまちライブラリーについては、以下のように述べている。「まちおこしセンターのミッションの中に、中心市街地の情報発信事業というのがありまして、うちの場合はまちライブラリーを前のカフェでやっていたので、それならまちライブラリーをこのミッションに充てようと考えたのです。まちライブラリーという特色を生かして、みんなが本を持ち寄って、これが素敵だね、これがいいねという本の情報発信とともに、本だけではなくて、フリーペーパーやチラシも置いて情報の交流事業にしようと。まちおこしセンターの事業の取り組みにまちライブラリーの運営が入っているんです」と説明してくださった。

雫石町「まちおこしセンターしずく×CAN」

さらに、まちづくりは、リアル・ロールプレイングゲームだと言う。「まちづくりは、責任感もありますけど、やっぱり面白いですよね。私すごくゲームするんですよ、子どものときからRPG（ロールプレイングゲーム）とかずっとやっていて。冒険に出て経験値を貯めると強くなって、仲間も増えて、どんどん課題を解決していく。そういうのをリアルの世界でやっているっていう感じですかね」と語っている。つまり、キーマンとなる人と人をつなげて、さらなるまちづくり活動を広げていくことに面白さを感じている。まちライブラリーを1つの磁場にしながら、結果としてまちおこしのための土俵づくりをしている事例である。

さらに前章で紹介した雫石町立図書館司書の大坪氏も、私が依頼を受けた2016年のまちライブラリーの講演ならびにワークショップに参加し、まちライブラリーを始めた一人である。大坪氏の活動についてはすでに紹介したが、公共図書館に寄贈されたが配架や収蔵が難しい本を再利用する形で公民館のロビーに配架し、気軽に利用してもらえるようにしたり、税務申告に訪れる人たちに出張のまちライブラリーを提供し、公共図書館に来ないような幅広い人に本を提供している（92－93頁参照）。彼のように「公と私」をうまくつなぎ合わせている柔軟さが、まちライブラリー活動を活き活きとさせている。二者択一ではなく場面に応じて軽やかに運営するフレキシビリティが大切であることを学べる事例といえる。

## 自然体での広がり――埼玉県鶴ヶ島市

埼玉県鶴ヶ島市は、東京の池袋駅から電車で1時間弱の人口7万人ほどのまちである。そのまちの市役所のロビーに、２０１６年、まちライブラリーが誕生した。仕掛けたのは、同市教育委員会に所属する、元図書館司書の砂生《さそう》絵里奈氏。砂生氏は、図書館に勤務をしていた折に、市長から市役所のロビーが寂しいので、本を置いて市民が憩える場所にできないかと指示を受けた。その後、下北沢での私の講演を聞き、拙著『まちライブラリーのつくりかた』を読んで、まちライブラリーを導入してはどうかと市長に具申した。市長もたまたまこの本を読んでいたようで、すぐに了解がとれ、私が図書館や関係する人の前で説明をすることになり、市役所のロビーに本棚が設置された（コロナ禍のため２０２２年10月現在は、撤去されている）。

スタート時の蔵書は、植本祭に参加した幾人かの市民が寄贈してくれたものを配架していた。来訪する市民の中にもこの本棚が気になる人が徐々に現れて、寄贈数が増えている。最初は45冊からスタートし、12回の植本祭を経て、２００冊くらいまで増えているそうだ。ノートで貸し借りを管理し、無人で運営をしている。このような活動を皮切りに鶴ヶ島市には、現在12ヶ所のまちライブラリーがあり、その広がり方が、鶴ヶ島のまちライブラリーを特徴づけている。鶴ヶ島のまちライブラリーは、総じて「つるがしまどこでもまちライブラリー」と呼ばれ、前述の砂生氏が出会った人や、知人の紹介でやりたい人を見つけたりして、徐々に増加していった。その幾人かを紹介する。

「Water Ship Cafe」を営んでいる小鮒《こぶね》美和さんは、『まちライブラリーのたまてばこ』（郵研社、

2022）に寄せたエッセイの中で「あなたは、本が好きですか？」と聞かれたら「はい、好きです！」とすぐには答えられないかもと語っている。さらに子どもの頃、ホームレスになったと衝撃的な告白をしている。小鮒氏は、子どもの頃のある夜、母親から突然「今から私と一緒に家を出ていくか」と迫られ、ランドセルに必要なものを詰めなさいと言われた。その時に『歌はともだち』（1978）という小さな歌集1冊を入れたそうだ。「たくさんの歌の歌詞を何度も何度も読みかえしながら、その世界を想像するのが好きでした」と述懐している。それが今日、自らのカフェで行っている「本と音楽のコラボレーション・ライブラリーコンサート」につながっている。地元で活躍する音楽家を招き、20名も入らないカフェで熱心にミニコンサートを続けている。子どもの頃1冊の歌集から夢を広げていたことが、音楽へのこだわりになり、小鮒さんの原動力になっていたのである。人にはそれぞれ生きていく中でこだわり続けている原点があり、それが個々の活動にエネルギーを与えているのだと感じる。

さらに鶴ヶ島には興味深いまちライブラリーがある。市議会にある議会図書室に併設されているまちライブラリーである。議会図書室とは、議員および議会の立法補佐スタッフが、立法活動を手助けするために置かれた図書館で、国立国会図書館が有名である。アメリカ合衆国の米国議会図書館は世界最大の図書館と言われ、議会への情報提供のみならず広く国民にも開かれた図書館として存在している。各地の自治体の議会図書室も地方自治法に基づき設置されているが、運用は形骸化しているところが多い。

鶴ヶ島市議会議員の山中基充《もとみつ》氏は議会改革に長年取り組んできたが、このような状況を鑑み、議員と住民との交流が少ないということで、議会図書室を市民と交流できる場にしようと考えた。一番めだつエリアをまちライブラリーコーナーにし、植本祭をやって、市民が持ち寄ったアイドルグループの選挙本や戦争の愚かさを伝えている絵本などを配架した。また認知症予防のため昔の映画を20分位観る植本祭などもやり、人の輪を広げる活動を続けている。

鶴ヶ島では、これ以外にも10ヶ所近いまちライブラリーが誕生しており、それぞれの人が自らの活動や場所にふさわしいやり方で運営している。

## 北海道千歳市の市民力、挫折と再生から見えてくるもの

２０１６年12月23日、大雪の嵐の中でまちライブラリー@千歳タウンプラザは開館した。オープニングのイベント「植本祭」には多数の人が参加し、応援してもらうことになっていたが、あいにくの大雪で交通機関がまったく動かなくなり、参加した人は帰宅できず、立ち往生となった。新千歳空港も閉鎖され、６千人が空港で夜を明かすことになり、大きなニュースになる中でのスタートであった。

そもそもこのまちライブラリーがどのように誕生したのか、その経緯から紹介しよう。このまちライブラリーのオーナーは、新千歳空港ターミナルの運営会社である北海道空港開発の子会社であったセントラルリーシングシステム株式会社である。この会社の役員や担当者が、２０１５年にオ

ープンしたまちライブラリー@もりのみやキューズモールを視察し、これを北海道千歳市にある古い商業施設だった千歳タウンプラザに設置したいと思い至ったことから始まった。私が同社から依頼を受け、千歳タウンプラザを見学したのは2015年12月のことである。寒い冬景色の中にある大きなビルの中はガランと人気のない空間で、そこにベンチが数台置かれて、シニアの方が座っておられるのが印象的であった。バス停がビルの正面にあるので、ここでバスを待つ時間を過ごしたり、知人と会って話をしたりする場になっていた。その光景は失礼ながら寂寞感ただようものであった。

かつてはまちの中心市街地にあり、地元デパートが入居し、賑わっていたそうだ。その頃の記憶を持つ世代にとって、千歳タウンプラザはなくてはならないまちの記憶となっているとのことであったが、多くのテナントが撤退し、商業施設としての役割を終えていた。

セントラルリーシングシステム株式会社は、この建物を商業施設として再生するのではなく、地域のコミュニティセンターとして再生することを企画し、その目玉としてまちライブラリーを設置した。建物の1階に800㎡を越えるまちライブラリー閲覧スペースと200㎡のまちライブラリーカフェ、50㎡の会議室を4室、300㎡を越えるイベントスペースが設けられた。ちなみに同じ建物の2階には子どもが遊べるスペースがあり、地下にはパークゴルフという北海道で普及しているゴルフコースも設置され、コミュニティ活動とエンターテインメントの施設となった。開館当初は、地下の施設も2階の子どもの遊び広場も順調に滑りだし、子ども施設には札幌市からも多くの人が来て賑わっていたが、地下は同様の施設との競争に耐えられなくなり、2年あまりで閉鎖することになった。

この間にまちライブラリー@千歳タウンプラザは、来訪者が年間7万人を超え、本の貸出登録をした会員も2千名になり、寄贈冊数も2万5千冊を超えるまでに成長していた。この成長を支えたのは、毎月実施されたサポーター会議であった。サポーター会議とは、まちライブラリー独特の表現であるが、まちライブラリーを単なる利用する場として考えるのではなく、自らの役割を発揮したいという人がボランティアで随時集まり、意見を出し、行動をする場である。イベントを仕掛けたい人、本棚の整理や配架を手助けしたい人、広報や啓蒙を手助けしたい人が三々五々集まって、意見を出し合い、お互いの活動をサポートするのである。もちろん専属のスタッフも参加するが、サポーター会議に参加する市民の背中を押すことを旨としている。このような会議を月に1度、昼の部と夜の部を実施し、私も参加して様々な意見をお聞きしながら、今後の進め方に反映していくようにした。その結果が、前述した利用者数や蔵書数につながったともいえる。毎年のアニバーサリーイベントはもとより、春や夏のイベントも一緒に考え、実行する関係性が生まれていた。

そのようなまちライブラリーではあったが、２０２０年に降りかかった新型コロナウイルス感染症によるパンデミックにより、空港ビジネスがひっ迫していった。そのためオーナー会社は、このまちライブラリーを２０２１年3月末をもって閉鎖すると発表した。この発表は、利用者はもとより千歳市民にとって大きなショックであった。その中で存続の署名活動が起こり、数ヶ月で２２０

0名を超える署名を集め、千歳市に提出されるにいたった。利用していた市民が有志を集め、署名活動を開始し、存続の声を集めていったのである。正直に申し上げると、私は再開は難しいのではと思っていた。だがこのような多くの人の声を前にして、市役所はまちライブラリー存続にむけて、私と連携しながら新たな場所でのプラン作りを始め、早期の再開を目指すことになったのである。そして閉鎖から4ヶ月も経たない2021年7月の定例議会で補正予算を組み、再開にむけての予算案を上程した。議員の中にも賛同する人が多数おり、この議案は成立したが、成立に際して地元高校生が40名近く、傍聴することになった。署名活動とともに市役所が実施した地元高校生、大学生へのアンケートで、大多数の学生が存続を希望すると表明したため、自分たちの意見が議会でどのように取り扱われるかを見たいということになったそうだ。かつてのまちライブラリーには多くの高校生たちが集い、勉強や友達との語らいの場として利用していた。学校が終わった後に行く場所がなかった彼らにとって、まちライブラリーが第3の場、サードプレイスとして、なくてはならない場となっていたのである。

それ以外にも、ベビーカーを押してやってきて絵本を借りたり読み聞かせたりする親子や、シニアの人たちが、散歩がてらに立ち寄る場所としても定着していた。このような背景があり、千歳市のまちライブラリーは、2022年1月にJR千歳駅の駅前ビルの一角に「まちライブラリー@ちとせ」となって復活した。規模はかつてのような大きさはないが、大阪市のもりのみやキューズモールにあるまちライブラリーと同等の大きさで、おしゃれな空間となっている。開館当初より、多世代が多様な利用をする場所となっている。

２０２２年９月には、このまちライブラリーを核に、市内中心部にある「グリーンベルト」と呼ばれている公園になっている道路をつかった「ちとせまちライブラリーブックフェスタ２０２２」を実施した。館内では、本にまつわるセミナーや各種ワークショップを実施するとともに、グリー

2016年に始まったまちライブラリー@千歳タウンプラザ

2022年に再生したまちライブラリー@ちとせ

ンベルトでは古本市、巣箱本箱のグランプリ、絵本の読み聞かせイベントや音楽会、フラダンスの発表会なども行われ、普段は閑散としている公園に秋晴れの空の下、親子連れから学生やシニアまで様々な方が集い、語らう姿が見受けられた。まちライブラリーが、単に本のある場所から、地域活動の核になり得る可能性を秘めた活動となったといえる。これも市民自らが復活劇の主役であり、それぞれの人がやりたいことを実現できる場であるということが浸透してきているからだともいえる。このような地域の人たちの思いをさらに昇華させ、市内中心部のエリアマネジメント（まちづくりのソフトづくり）につなげようという動きも出てきており、千歳市のまちライブラリーの活動はこれからも目が離せない。

## 長野県茅野市における地域への浸透

長野県茅野市は、諏訪地域に属する人口5万6千人ほどのまちである。諏訪湖がある諏訪市に隣接し、御柱祭で有名な諏訪大社の4社の1つ諏訪大社上社前宮があり、縄文集落跡や国宝となる土偶が発掘されるなど、古くから人が集う歴史的な地域だ。また蓼科高原や八ヶ岳連峰に囲まれた自然豊かなまちでもある。特に、八ヶ岳、蓼科山の麓に別荘地が多くあり、その数は1万戸を超える。温泉も豊富で、古くから保養やリゾート地としても来訪者が多くいた。また諏訪地域には精密機械工業に関する企業も多数あり、それら企業の中にはＩＴ化の中で新たな役割を担っている会社もあるなど、多様な顔を持つまちといえる。

しかしながら市内の中心部、ＪＲ茅野駅周辺はかつてのような賑わいはなく、車社会の中で人通りも少なく、駅西側に隣接する商業施設ベルビアは、前節で紹介した千歳市タウンプラザのように商業施設としての役割に限界が見えていた。また駅を挟んで東側にはコンクリートとガラスでできた現代的な文化施設もあるが、これらの施設を訪れる来訪者だけでは賑わいを取り戻せていないようである。駅の改札口に続く広い自由通路は、駅の東西にある文化施設と商業施設をつなぎ、それぞれにバスやタクシー、自家用車が出入りできるロータリーをつないでいるが、人がたむろしたりする場所はなく、人通りも、時折到着する電車から流れて来る人が通り過ぎる程度と、寂しい空間になってしまっている。

このような駅前の公共空間を改造するにあたってヒントを得るための社会実験案が、２０２１年5月に公募され、私も手を挙げた。提案したのは、「本と人と 出会う ちの」というもので、駅前の空間に本を集積する場所を作り、本に関するイベントや古本市なども実施し、市民ならびに観光客に楽しんでもらおうというものであった。普段通過するだけの人も足を止め、本を手に取り、たたずむ時間をもち、人と語らう体験をしてもらい、本が磁力となって駅前空間に来訪する人を増やし、居心地の良さを体感してもらおうとしたのである。

私は２０２０年12月から駅前の商業施設にあるコワーキングスペース「ワークラボ八ヶ岳」のイベントスペースにまちライブラリーの本棚を設置し、運営してきていた。その経験から、本を核にした場づくりに多少とも手ごたえを感じていたが、このような提案が受け入れてもらえるかは半信半疑であった。公募の審査員からも「本で人は集まるのでしょうか？」という質問もあり、本が持つ磁力をどこまで信じてよいか不安に思っている人も多かった。

公募結果は、私の案が採用された。私はその中で5つの柱を挙げて具現性を持たせた実行案を作成した。1つ目は、全国のまちライブラリーブックフェスタのイベントのオープニングを茅野市でやり、本のまち茅野をアピールする。2つ目は、植本祭を駅の東西にある文化施設、商業施設で実施し、本を片手に語り合う楽しさを茅野市民に体験してもらう。3つ目に、自由通路を使って古本市を開催し、市内外の人に来訪してもらう。4つ目に、自由通路に巣箱型まちライブラリーを設置し、自由に本を借りてもらう。5つ目に、駅周辺の店舗に本を置いてもらい、それら店舗を巡るスタンプラリーを実施する、というものだ。その後は、市役所が主導し、地元団体の代表者をはじめ市民に参加してもらう実行委員会を設置し、まちをあげての社会実験になった。新型コロナの影響で当初の計画は大幅な変更を余儀なくされたが、結果として多くの人に参加してもらえ、楽しんでいただけたと思う。アンケートでも自由通路に本箱を常に置いてほしいとか、ふらっときても楽しい時間を過ごせるようになったとか、今まで知らなかった人との出会いや知識を得られたとか、好意的な感想が寄せられた。関係した人々の中でも概ね好評を得ており、正直なところ安堵した。

このように、私が提案したことは概ね成功裏に終了したのであるが、私がとくに印象に残ったエピソードを紹介しよう。植本祭で70代の元、気象庁の方が、「『ブルーバックス』を片手に語る科学の楽しみ」という会を実施した。大学受験から振り返り、もともとは理系の大学にいくつもりはな

まちライブラリー@ My Book Station 茅野駅でのイベントの様子

かったが、受験数ヶ月前に数学に魅せられ、学科を物理学科に変更して合格した体験を語り、気象条件などを予測する地球物理学の奥深さについても話された。この話を地元の学生が熱心に聞いていたが、彼の目がどんどん輝いてくるのが傍目にもわかるように感じられた。彼にとって祖父の世代ともいえる科学者から直接、科学の楽しさと深さの話を聞けて、自らの進路に自信を得、大学院に進学しようと決意を固めたのである。普段会うこともない2人が膝を詰めて語り合う中で、お互いの存在を確かめ合うことができたのだ。本を片手に語る会では、その中にお互いに気脈が通じる人を見つけることも可能なのである。

他にも、まちライブラリーブックフェスタに合わせて、推薦する本を家族総出で見つけて店内に手作りのポップを付けて展示してくれる地元の書店もあった。書店のオーナーである母親が、息子や息子の嫁がこんな本を推薦しこんな視点でその本を見ていたのか、と感じ入ったと語っていたのが、とても印象深かった。

さらに2022年6月には、商業施設の空き店舗に本格的なまちライブラリーを設置することにした。この年の4月から、隣接区画にあるコワーキングスペースの指定管理業務を一般社団法人まちライブラリーが担うことになった。指定管理業務で多少とも利益がでるなら、地元に誰もが立ち寄れる場を提供できると考え、指定管理業務と切り離して自主事業として始めた。本棚をみんなで作ろうというワークショップを実施し、28棹ある本棚を2日間で作成した。40名くらいの人が参加してくれたが、チームを組んで本棚を作成し、それぞれの本棚に番号をつけて設置し、参加した人たちの名前を本棚の裏に書き添えて、思い出深いワークショップになった。茅野市の活動はこれからの展開が大事であるが、本を媒介に個々の人が、閃きを得て、発言をし、行動することができるということを市民の方も実感できたと思う。これらの活動により、駅前の自由通路に設置している巣箱型の本棚を継続的に利用する人も多く、新たにできたまちライブラリーのスペースには多様な人が集っている。

茅野市には、他にもまちライブラリーが設置されつつある。標高1650mにある山荘が、まちライブラリー蓼科山荘に変身した。元々の所有者はドイツ文学者で、その関係者から私が譲り受け、建物と本を活かし、泊まれるまちライブラリーにした。また別の別荘地では、集会施設をコワーキングスペースにし、集めた蔵書をもとにまちライブラリーにしているところもある。

なかでも圧巻なのは、蓼科《たてしな》親湯《しんゆ》温泉《おんせん》である。広いロビーとバーラウンジが、3万5千冊の文学、哲学、自然科学などの蔵書に囲まれた場所となっている。これら蔵書の約2万冊は、オーナーの柳澤幸輝氏のもので、その他は寄贈により集まってきた。この場所は、「みすずLounge & Bar」と名付けられているが、これは茅野市出身のみすず書房の創業者である小尾俊人氏をオーナーがこよなく敬愛していることによる。ちなみに茅野市に隣接する諏訪市は岩波書店の創業者である岩波茂雄氏の出身地で、両社の貴重な本がこのラウンジに多数蔵書されているとともに、客室への回廊には岩波文庫がぎっしりと配架されている。公共図書館や大型書店ではできないオーナーの個人的な主張が全面に出たライブラリーが生まれており、他に類をみないホテルとなっている。個人の個性や顔が見えているユニークで洗練されたまちライブラリーが点在する茅野市が、これからどのように変化するのか楽しみである。

## 地域と人とまちライブラリーから学ぶこと

ここまで、まちライブラリーが地域に複数展開されている地区を見てきた。大都市から地方の小さなまちまで、様々な事例を紹介したが、それぞれに個人の個性が活かされた活動ができている。冒頭に記したように、ともすれば、地域にいくつも展開しその活動が地域社会に根差すためには、行政などの組織的な対応が必要なのではないかと思われがちであるが、実際はその地域に生活する人が自らの思いをぶつけたまちライブラリーを展開するだけで、その地域が魅力あふれるコミュニティの場になっている。結果としてその地域に思いがけない影響を与えていることを理解していただけたと思う。個々の力は微力であっても、地域に同じような思いで活動する人が出てくると、その活動は社会性をともなってくる。これは本という媒介がもつ特色が出ているとも言える。本という同じような形の紙束であっても、その中身が表出するものは千差万別である。それらの蔵書を通して、それぞれの人が自分の感性や考えを表現しているのであり、それに共感できる人が本を片手に集ってくる。結果、普段は会えない人と出会ったり、気づかなかった視点を交換したりして、お互いを元気づけるような効用がまちライブラリーにはある。

また、従来の読書に抱くイメージは、内省的な行為で他人と共有するものではない、と考えがちであった。しかしながら、本を媒介にすることにより、その本を通して複数の人が同じ関心をもっていることを知ることができ、さらなる人のつながりが生まれることもわかってきた。とくに、それら本への思いが、地域に人を集わせる磁力になることもわかってきた。このような静かな中にも力強い動きを生み出すまちライブラリーが、いくつかの地域でその影響力をじわじわと高めていることを、読者と共有しておきたい。

# 第6章　まちライブラリーを活用した場づくりとは

## まちライブラリーはコミュニティの場なのか？

まちライブラリーの活動を始めて5年程たった2016年、調査研究の一環として、幾人かのまちライブラリー運営者やその周辺にいる人を招いて、公開での討論会の場を設けた。テーマは、「コミュニティと本のある場所」であった。冒頭、発表者の河野美苗氏が、「私は、コミュニティのためにやっているつもりはなくて、本が好きだから活動しているだけ」と発言した。

河野美苗氏は、「もものこぶんこ」という児童図書館を、妹の美咲氏や仲間と2011年から続けてきた。彼女たちは、自分たちが子どもの頃に通っていた、近くの大学に付属する児童図書館が閉館になることを聞きつけ、自らその蔵書の一部を引き継ぎ、図書館になりそうな店舗を借り、その費用を捻出するためにそれぞれが働きながら、自らの図書館活動を維持してきた。

2013年にまちライブラリー@大阪府立大学にて開催したマイクロ・ライブラリーサミット(1)で

も河野姉妹に活動報告をしてもらった。それは聴衆にとって感動的な発表会であった。妹の美咲氏は、子どもの頃からの病気を抱えてライブラリー活動をしていたが、姉、美苗氏は妹の熱意におされ、彼女を支えようと共に活動を続けてきた。しかしながら残念なことに、妹の美咲氏はマイクロ・ライブラリーサミットの発表後、その内容をまとめた『マイクロ・ライブラリー図鑑』（まちライブラリー文庫）が発刊され、本が手元に届いた日に短い人生を閉じることになった。

私も発刊されたばかりの本を持参して通夜に参列し、改めて姉妹にこれからもまちライブラリーの活動を続けていくことを誓ったのを覚えている。このような経緯から河野姉妹たちの活動が地域の多くの子どもたちに深く浸透し、また愛されており、当然のように地域コミュニティにとって欠かせない場所になっていることを知っていた。その意味で冒頭の発言は意外であり、また私の考え方が浅いことを思い知った。

この時の気づきは、その後の活動に大きな影響を与えた。迂遠な目標を掲げるより、身近な願望に突き動かされてまちライブラリーを運営している人が、持続的な力を発揮しているのかもしれない。まちライブラリーの活動は、運営する人、利用する人の主体的な動機を大切にするべきではないかと気づかされたのである。

私自身もまちライブラリーを始める段階では、地域コミュニティに役立つかもと思いつつも、自らの挫折を癒したい、本に囲まれた場所をつくりたい、心地よい時間を持ちたいと考えていたことを再認識させられた。世のため、人のため、といった理念や理想を押し付けるのではなく、心からその場にいたい、そこでやりたいことを大切にできる雰囲気づくりが大事であると感じたのである。

## 「場づくり」という多様な概念

私は「場づくり」という言葉にとらわれ、当然のことのようにステレオタイプ的にコミュニティの場をつくることを考えていたが、場づくりという言葉は各人各様で捉え方が違うことに気づかされた。例えば、行政や企業が場づくりを目指すという場合は、自ずと「交流」とか「活性化」といったことを前提として議論していることが多い。しかしながら前述した河野氏にとっては、病気を抱えながらも児童書を愛し、図書館を自らの生きがいと感じていた妹を支える場であったのだ。このようにそれぞれの立ち位置により「場」が持っている意味合いは違う。そもそも「場」とはなんなのであろうか。この問いには、古今様々な探究がなされている。哲学的な解釈から物理的な規定まで幅広い。身近に感じられる概念でもあり、同時に深い意味も込められている。まちライブラリーの場づくりを考えるうえで少しばかり、「場」と「場づくり」について整理してみたい。

場づくりに関する研究の先駆けとしては、1950年代に心理学者、クルト・レヴィン〔Kurt Lewin：1890-1947〕がその著書『社会科学における場の理論』（1951）で定義した概念がある。レヴィンは著書の中で、人と環境が相互関係している空間を「生活空間」と定義し、その相関関係を数式化した。個々の人間が持つ性格や能力、経験値などを個別条件とし、実空間の物理的な条件や、心理的な条件を規定する組織の風土などを環境条件として、相互に連関して人の行動を左右するものとして方程式にし、定義した。このように「場」は、単にその空間的な条件だけを意味するのではなく、そこにいる、あるいは関係する人間と深く関連して成立することが、古くから指摘されてきた。心理学者であるレヴィンが、場と人との関係性を指摘したのは、必然的な流れであったかもしれない。

著名な生命科学者である清水博は、『場の思想』（２００３）で、生命論の立場から以下のようなたとえで人と場の関係を説明している。「場所における人間は、『器』に割って入れられた卵に相当する。白身はできる限り空間的に広がろうとする。（中略）他方、黄身は場のどこか適切な位置に広がらずに局在しようとする」。「人間の集まりの状態は、一つの『器』に多くの卵を割って入れた状態に相当する。器のなかでは、黄身は互いに分かれて局在するが、白身は空間的に広がって互いに接触する。そして互いに混じり合って、一つの全体的な秩序状態（コヒーレント状態）を生成（自己組織）する。（中略）白身が広がった範囲が場である」と表現している。絶妙な言い回しであるが、ここには清水の生命論が背景にあり、一人の人間は個体（局在的生命）として生きているのではなく、広く社会全体に広がる他の人との関連性（偏在的生命）があってこそ個の生命もなりたつことを主張したのである。清水は、これを「自己の卵モデル」として場の論理に応用している。

このような場づくりに関するモデル化や概念化、哲学的思索が長年にわたって続けられている一方で、地域コミュニティの場が、ソーシャル・キャピタルを生み出すけん引役になるという議論も増えてきている。このような議論が生まれるのは、現代社会の中でコミュニティの喪失による孤独化が社会課題となってきた背景がある。すでに1971年に自治省は「コミュニティ（近隣社会）に関する対策要綱」を出し、その後も地域のコミュニティに関する政策提言を出し続けている。2012年には、総務省が「今後の都市部におけるコミュニティのあり方に関する研究会」を発足させている。昔から言われていることであるが、現代社会は「コミュニティを喪失」していっているという、漠然としながらも共通した観念がある。そのために私も「場づくり＝コミュニティづくり」だと思いこんでいたのであろう。

## 居場所という場

「居場所」という言葉に、「いるところ」という物理的な場所を指す意味だけでなく、「いどころ」という心理的な意味合いが加味されたのは教育分野での議論かららしい。社会教育史家の久田邦明によると、文部省の不登校問題に関する報告書等、教育の現場から生まれてきたという。「学校に自分の居場所がない」というように不登校問題などの教育分野で使われることにより、「居場所」という言葉が普遍化していった。同じく教育分野の研究者である阿比留久美によると、「居場所」の意味は当事者の主観、他者との関係性、空間性の有無の3つが軸になるとしている。そのうえで「居場所」の解釈として以下のように整理している。（1）自らを受け入れてくれると思える受容的空間としての「居場所」、（2）自らが社会的存在であると感じられる創造的空間としての「居場所」、（3）他者との関係性を感じられる中での「居場所」というように分けている。

「居場所」という言葉には、「安心とか安らぎ」あるいは「他者から受け入れられている」という意味合いが含まれているともいえる。自分らしくいられる場所であり、隠れ家的な場所となっているところともいえる。第4章で利用者の一人が、「まちライブラリーは心の安全弁」と答えていたが、このように心を癒す場所が求められているのだ。「アジール」（避難所、隠れ場所）として、つくろったりせず安心して存在できる空間として「居場所」を受容の場として捉える傾向は、実践報告や研究による定義で多くみられる。

このような社会的な認識のもと、制度として「居場所づくり」に対応したり、建築や都市計画の視点からも「居場所」について実践や研究がなされたりしている。地縁組織が失われた現代においては、若者がいる場所さえなくなっており、制度論だけで解決するのは限界があるという主張もあれば、そもそも自分と他者を明確に区別し、自立を強制したりすることが問題という文明論的な議論もある。さらに従来の建築や都市計画は、単なる物理的な場所の設計を大事にしてきたが、人との関係性を軸にその場所を継続的に育てていくという視点が大事になってきている。

このように「居場所」は、単なる物理的な空間を意味するのではなく、人の主観的な解釈を含んだ概念であり、教育分野から建築や都市空間にまで応用されて使用されている。これら議論の延長線上からみても、まちライブラリーという場は、その場にいる運営者や利用者という当事者そのものの主観が自生的に生み出し、育んでいる場といえる。

## 魔法の言葉「サードプレイス」

場づくりの議論の中でも、レイ・オルデンバーグが提唱した「サードプレイス」という概念は多方面から注目を集めている。「第一の場所」である家庭や「第二の場所」である職場とは異なる「インフォーマルな公共生活の中核的環境」である「第三の場所（サードプレイス）」という概念が、近年、研究者の中でも多様な形で取り上げられることが多くなってきた。「サードプレイス」という言葉を世に広げるきっかけをつくったオルデンバーグは、インフォーマルな人と人とのつながりが都市の生活の中では重要であり、そのようなつながりが生まれる場所を、家でも職場でもない第三の場所「サードプレイス」として位置づけた。イギリスのパブやフランスにおけるカフェのような場所が車社会の米国では形成されず、職場と自宅の往復のみの生活者が多いことを問題視したところから生まれた概念である。

オルデンバーグは、サードプレイスの特徴として、インフォーマルな公共の場を前提としながら、（1）中立な場所、（2）フラットなつながり、（3）会話が主な活動、（4）利用しやすさ、（5）常連によって決まる雰囲気、（6）もう一つの我が家、（7）虚飾がなく目立たない存在、をあげ個人の心の健康、政治的・社会的な安定につながるこのような場所は地域になくてはならないものとしている。さらにそのような場所への参加の動機付けとして「楽しさ」をあげており、現代の都市づくりはインフォーマルなまちの拠点づくりに背をむけてきたと断じている。

サードプレイスに言及した研究は多数ある。例えば、第7章で詳述するイタリアの図書館コンサルタントで新しい図書館のあり方を提案したアントネッラ・アンニョリは、図書館にはサードプレイスの要素が大事だと論じ（２０１１）、アメリカの図書館情報学の重鎮であるウェイン・ウィーガンド［Wayne A. Wiegand 1946–］は、場所としての図書館の重要性を考えるときに、サードプレイスに注目すべきであると指摘している。このようにサードプレイスという概念は、研究や実践活動において肯定的に取り入れられる傾向にある。とりわけカフェやコミュニティスペースなどでの実態調査から、オルデンバーグが定義した7つの視点にとらわれることなく新たな価値基準や役割を付加し、サードプレイスの再定義をする研究は多い。

例えば、マクドナルドなどのファストフード店における調査を通して、オルデンバーグが特徴づけるような、個人商店における「常連客や店主との会話」のようなものがなくても、一人でいること、勉強や仕事、友達同士の会話などを通じて利用者はサードプレイスを意識している。オルデンバーグは、店主や利用者同士の「会話」を重視しすぎており、一人でいることの心地よさ、「憩い」もサードプレイスの重要な要素で、ファストフード店ではそれが起こっていると論じているものもある。また、サードプレイスには一人でいたいという「個人志向」の利用者と、人とつながりたいという「社会志向」の利用者双方がいると指摘するものもある。それら両方が共存する環境をつくることもできるとして、コーヒー、音楽などの提供、雰囲気の良い空間づくりやその居心地の良さによって、両志向者間のコミュニケーションの促進と流動性が高まり、どちらかに傾くことのない場づくりが可能だという議論もある。

このようにサードプレイスの研究では、その必要性を肯定的に捉えながら、解釈を拡大化、あるいは再定義化しているものが多い。しかしながら管見の限りでは、オルデンバーグが本来唱えたかった「インフォーマルな公共生活」という表現を使った、社会の中で自生的に派生する必要性に言及しているものはない。サードプレイス空間の在り方や成立の仕方、その場での役割については多くの研究者や実践家が注目しているが、インフォーマルな公共生活を柱に、計画性や制度に依拠することなく自然と生まれる場の大切さを論じているものはない。家庭でもない、職場でもない第三の場所、サードプレイスは言葉の魅力と開放性のために、オルデンバーグが本来指摘したかった自生的かつ制度や計画からは生まれない場についての議論が少ないのである。

オルデンバーグ自身は、第二版へのはしがきで、もっとも影響を受けた刊行物にジェイコブズの『アメリカ大都市の死と生』をあげており、現代の都市計画への批判が彼の立脚点だったと思われる。日本語版の解説者、マイク・モラスキー〔Michael Molasky：1956–〕は、オルデンバーグがサードプレイスを「インフォーマルな公共生活の中核的環境」と位置付けていることに留意すべきだとし、現在のアメリカでは「インフォーマル」と「パブリック」とは相反する言葉に感じられると指摘している。オルデンバーグが、サードプレイスを通して現代社会に警鐘を鳴らしたかったことは、近代的な都市計画は用途を純化させていったために、地域社会が自然と生み出していた人と人とのつながりや、それを生み出す場がなくなってしまったという点であり、そのことを指摘するために

「インフォーマルな公共生活の中核的環境」といった言葉で表現したのである。オルデンバーグは著書の中で、「インフォーマルな公共」という言葉を72回にもわたって使っている。つまり、計画や制度の外にある自生的な人の営みの中で生まれる場こそが人々にとって大切なものである、との認識を強調したかったのであろう。しかしこの点について、あまりにも共有されていないように思う。オルデンバーグの意図を越え、言葉が独り歩きし、あらゆる「場」をサードプレイスにしてしまうという意味で魔法の言葉になってしまっている。

まちライブラリーは、まさにその自生的な人の営みから生まれる活動であり、公共図書館ではなし得ないような本のある場、「サードプレイス」が生まれること、結果として地域のサードプレイスといえる場となること、を目指しているともいえる。

## まちライブラリーが生み出している場

ここまで「場」であるとか「場づくり」に言及している研究の特徴について述べてみたが、まちライブラリーがつくる「場」はどういうものと言えるのであろうか？

この章の冒頭で触れたように、私はコミュニティであるとか人との触れ合いが生まれる場づくりを目指していたが、コミュニティに関心を持たない人がやっているまちライブラリーでも、結果として人々が集ってきていることが確認できた。同じように本を活用しても、それが自己満足といえる目的でも、結果的に他の人を引き寄せることになるのである。また運営者と利用者のそれぞれの意図が交錯することでも結果としてその場に賑わいが生まれたり、交流が生まれたりしている事例もあれば、あくまで自らの癒しの場として運営している事例も第4章で確認した。まちライブラリーにおける場は、このように一様な場ではなく、関係する人の思惑が交錯しながら様々な様態を含むものとなっている。

そもそも人が関係して生まれる場は、すでに多くの人が言及しているように、一様なものではない。人と人との関係性が多様であるように、生まれてくる場も多様だということだろう。その中でまちライブラリーの特色をいくつかあげていきたい。

## 本の磁力と人の顔がある場

本を置いておくだけで人が集まるのだろうか？　答えは、「イエス」とも「ノー」ともいえる。本があることにより、その場所の空気感が変わり、本好きのみならずその場にいる人に落ち着きや知的な雰囲気を提供することができる。このような雰囲気を好む人たちにとって、本のある場所には一定の効果がある。しかしながら、その場を訪れる人を定着させ、一定程度反復的に利用してもらうためには、人の力が不可欠である。来訪した人との何気ない会話、とくに名前を名乗って会話することが大事なのは、第4章で紹介した聴覚障がいの方のお店でのやり取りが代表的だ。お互いを知り合うことからその場にどのような人がいるのか、またどのような思いでいるのかが見えてきてはじめて、人とのつながりを感じるようになる。「人の顔」が見えるとは、そういうことであろう。第4章のアンケートでもわかってきたように、人とのつながりを感じると答えた人の多くが、その理由に、まちライブラリーのスタッフとの会話を挙げていたように、その場で声を掛け合える関係が生まれてこそ場が生きてくるともいえる。

近年、本を置いてある場所は、徐々にではあるが増えてきている。とくにブックカフェやホテルや交流スペースにも広がっている。行政や企業が運営しているところも多い。ただその場合でも、そこに本があればコミュニティが生まれるとか、人が集まってくる、といった勘違いをしている事例が多い。私のところにまちライブラリーの開設の相談に来られる方も多いが、単に本を置くだけでは人だまりが生まれる場になりにくいことを説明している。本はあくまで物体であり、それがそのまま人と人をつなげたり、人の居場所を作り出したりするわけではない。人がその場に立ち止まるきっかけにはなっても、それをフォローする人がいなければならない。自動販売機は便利な機械であるが、それをいくつ並べても人だまりができる場にはならない。あくまでも人は、人としかつながれない。人の顔が見えてこそ、場づくりが成功するともいえる。

ただし、その場所に常に人がいないと駄目だともいえない。まちライブラリーの事例でも巣箱型の本棚をやっている人で、黒板やその他の掲示版を使って丁寧にメッセージを書いたり、まちライブラリーの仕組みを説明したりしている人がいる。このような人たちがやっている場は、直接利用者と会うことがなくても、温かい場を形成している。ただし、その方は、毎日その場にきて、日々の整理や整頓、さらにはメッセージの発信をこまめに行っている。

つまり場づくりにとっては、人の手が入っているかどうかということが大事だ。場とは人との関係性でできているということを考慮に入れ、本の磁力と人の顔がそろって、はじめてまちライブラリーの場と言えるのかもしれない。

## 本がつくり出す日常的な場

場づくりにとって本と人との関係性が大切であることは確認できたが、同時に場づくりにおいて、本が持つ有用性について、もう少し触れたい。本を活用する時に見落としがちな点は、本は日々の生活に溶け込みやすく、日常的に人に利用されやすいということである。

本を閲覧する、本を読む、本を借りて、返す。この一連の所作は継続的で反復的な行動につながりやすい。本への探求心を持ち、読書という習慣が身につくと継続しやすい。もちろん全ての人が本好きではない。本をほとんど手に取らない人も多いだろう。しかしながら、本がある空間でくつろいだり、仕事や勉強をしたり、人と会って談笑したりするだけでも心地よいと感じる人も少なからずいる。このように本や本のある空間は、人々の生活になじみやすい。

場づくりをする人は、得てしてイベントのような仕掛けをしなければ、日々人々を惹きつけられないと考えがちである。イベントをすることにより、場は活性化し、人々のたまり場になると思い込んでいる人が多い。このように考えているのは、行政や企業だけでなく、場づくりや施設運営や地域の活性化に興味のあるほとんどの人と言っても過言ではないだろう。しかしながら、本当にそうであろうか？　冷静に考えるとイベントというのは、その内容に興味を持つ人を集めるものである。そのイベントが実施されるからその場を訪れるのであって、イベントがなければその場に来ない人も多くいる。イベントというのは非日常を演出するもので、それに吸引されて来訪する人々は、非日常の人である。そのイベントが終われば、明日からは来ない人である。目先の集客数や賑やかな様子に翻弄されているといっても過言ではないのだ。そのことを踏まえてイベントは実施すべきである。逆に本は、日々、その場に来る人を発掘し、惹きつける力をもっている。この点を大事にした場づくりをしていくべきなのである。

第2章で紹介したように、まちライブラリー@もりのみやキューズモールは、年間利用者が14万人になる。利用者の内、イベント参加者は3千名に上るが、来訪者全体の2％にしかすぎない。ここでは年間、大小合わせて300回近いイベントを実施しているが、来訪者全体におけるイベント参加者の割合は限定的である。カフェのレジ客数（レジでカウントした精算人数。2人で来訪しても1人で支払うと1人とカウント）が23％程度で、残りの75％が、本を閲覧したり、借りたり、返却したりするために訪れている人である。このように、日常的な利用者を大切にするうえで、本がある場は有用だといえる。

以上のように日々の来訪者を得るためには、本は有用な媒介手段となっている。このような結果は、まちライブラリー@もりのみやキューズモールといった大きな施設だけではなく、小規模なまちライブラリーでも同様である。第2章で紹介したISまちライブラリーでは、「本とバルの日」

というイベントを毎月実施していたが、その参加者は10名から20名程度であった。この程度のイベントでも毎月、テーマを決めて、参加者を募集し、食事や飲み物などを用意するのは骨の折れる仕事になる。結果として、イベントの内容によっては、参加者が数名のこともある。結局、「本とバルの日」は、6年半ほど続けたが、終了することになった。これに対して、ISまちライブラリーを常時開館するようになると、日々に数名から10名程度の来訪者が来るようになった。月に20日間、1日に5名来訪があるだけでも月間に百名の来訪者がきていることになり、「本とバルの日」で来訪していた人の何倍もの人が来るようになったのである。もちろん開館時対応してくれる人は必要であるが、イベント等を定期的に行うことと較べると労力は各段に少ない。

ちなみにまちライブラリーのイベントは、来訪者を増やすというより、その場で何かをやりたいと思っている人の表現の手段として、その内容に関心がある人が集い、仲間を発見する機会提供の手段として考えている。たとえ人数だけを集めるイベントを実施しても、参加者同士の紐帯や仲間意識はけっして強くならない。そのためには、少数のグループに分かれた小さなイベントを多数やることが大事だ。前述した「植本祭」というのは、そのような活動の総称であり、3千名のイベント参加者もこのような小さな集まりを積み重ねた結果に過ぎない。またこのような人数を少数に絞った集まりを実施する効用としては、お互いの顔が見えるということだけでなく、運営上のメリットも大きい。人数を集めるイベントは、どうしても集客にエネルギーが必要である。チラシを作ったり、SNSで発信したり、場合によっては広告や広報活動に時間やコストを使う。しかも結果として、必ずしも期待通りの人数を集められるとは限らない。思った以上に集まらなくて落胆することも多々ある。逆に、多く集まり過ぎて収容人数を超えるなど、運営上のリスクも発生する。その点、少人数のイベントは、気軽に声掛けしただけで成立する。3名もいれば十分楽しい時間を過ごせるし、ゆっくり話せた満足感も高い。このような小グループで、自己紹介代わりに本を紹介すると、お互いに今まで気づいていなかった本に出合ったり、普段気にもしていなかった分野の本が気になったりして、さらなる好奇心を刺激され、本を手にとるようになる。本を通じた交流の利点を得やすいのである。

場づくりとか地域づくりといった問題は、日々の課題である。日々の息抜きになったり、刺激になったり、人々が普段使いしやすい場所の方が、より多くの人がその場を求めてやってくる。まちライブラリーは、そのような空間的環境、人的環境を提供しているともいえる。

## 運営者の自己充足が無意識のうちに場づくりになる

まちライブラリーが、第4章や第5章での事例でみてきたように、無意識のうちに他者にとってかけがえのない場になっていることが明らかになってきた。むしろ場づくりを目指すぞと構えている人の方が、壁にぶつかりやすいことも検証してきた。このようにまちライブラリーでは、自らの夢や課題を解決しようとしている人が場づくりを成功させている事例が多々ある。『サードプレイス』でオルデンバーグが指摘したように、インフォーマルな公共生活が生まれているともいえる。

無意識に生まれる場にとって、とくに大事なのはその場に集う他者の存在ではないだろうか。そして自生的な場の形成の鍵が、そこにあるように感じられる。まちライブラリーを始める場合、一人で開始する人が大半である。しかし、一人でやっていると焦燥感が高まり、壁にぶつかりやすいことも第3章のアンケートで紹介した通りである。最初に運営を始めた人の存在を、共同で運営をする立場であろうと、利用する立場であろうと、その場に出入りする人たちが一人でも評価してくれると、結果として始めた人は誰かの役に立っているのだという気持ちになり、嬉しさや楽しさを感じながらさらに活動を続けようとする。誰にとっても、誰かの役に立っているということが、自己効力感につながり、自己肯定感が生まれ、活動継続へのエネルギーになる。このような循環の中で、まちライブラリーの場は作られていったといっても過言ではない。

前述した事例の中にも「楽しい」「運営が楽」といった表現に代表されるように、本来的には自己の夢や課題だけに熱中して運営している人の姿は、傍にいる人にも心地良く映るのであろう。その姿をみて、その人のいる場所に近づき、同じように「楽しい」「気持ちがやすらぐ」といった気持ちになり、お互いの存在が大切なものになってくるという循環が生まれている。血相を変えて、「場づくりをしなければ」、「なんとしても人を集めなければ」、「公共的空間なので規則に準じた利用をしてもらわないと問題だ」と考えている運営者のところには、逆に窮屈さを感じて人は集い難い。肩の力が抜けた対応や、その人自身の興味に没頭したりする姿は、他者にとって入り込む隙があり、同好の士としてつながりやすいことが、まちライブラリーを通して見えてきたともいえる。

## まちライブラリーが生み出す「場の四象限」

居場所づくりのように、安心や安全、他者から受け入れられる場づくりを目指している人がいる一方で、行政や企業が場づくりに取り組む場合は、その場が活性化し、多くの人の交流や刺激になることを目指していることが多い。第4章でふれたように、まちライブラリーの運営者でも「地域や施設を活性化したかった」という目的で始めている人が4割を越えている。しかしながら、これまで繰り返し述べてきたように、運営者の中には、自らの目的や課題に挑戦しているだけなのに、結果として周囲の人にとって役立つ場になっている事例が多々見られる。そういった場の利用者の中には、まちライブラリーを心の安全弁だと発言する人もいた。

これらのことを踏まえて「場をつくろうとする人」と「場をもとめている人」との関係性を整理すると、図1のようになるのではないだろうか。

第I象限の場は、職場や学校のように、仕事や勉強の目標を達成することを求められる場である。第II象限の場は、社会課題を解決し、達成しようとしている人たちの場である。具体的には、行政やNPOなどが、社会課題を解決しようとする場である。このように特定の個人や団体の目標達成か、社会的な目標達成かは別にして、第I象限と第II象限は、それぞれの目標にむけて前向きに活動しようとする場である。それぞれにアドレナリンを出して、頑張ろうという気持ちが大切にされる場ともいえる。

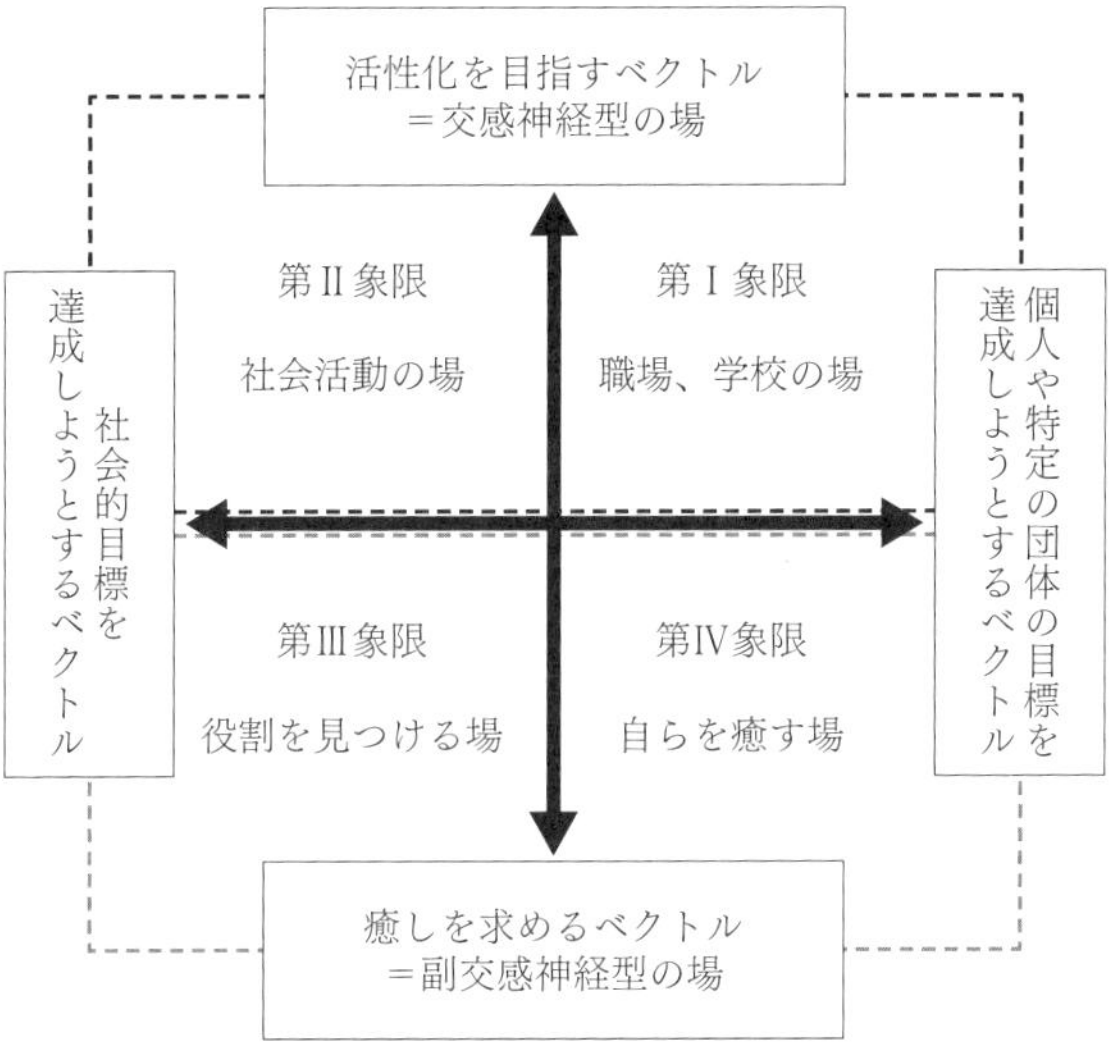


図１　場を考察する概念図

第Ⅲ象限の場は、社会的に受け入れられていると感じられる場である。仲間や地域の中で、自らにも役割があると感じられ、安心できる場である。第Ⅳ象限の場は、自らを受けとめてくれる場である。ありのままの自分でいられ、安住の地だと感じることができる場である。

このように分類すると、第Ⅰ象限、第Ⅱ象限は人々の気持ちを鼓舞し、活性化させる「交換神経型の場」といえる。逆に、第Ⅲ象限、第Ⅳ象限の場は気持ちを落ち着かせ、クールダウンできる副交感神経型の場といえる。

ただ各自の「場」の位置づけは、固定的な枠組みをもっているのではなく、同じ場所にいたとしても、四象限の様々なものに、その時毎に変化する。職場や学校が癒しの場になり、癒しの場であってもその場から触発を受けて、新たな目標にむけて進んでいくこともある。またその場にいる同じ人が、ある時は触発を受け、ある時は癒されたり受けとめられたり、仲間を受けとめたりする時もある。同じ場にいても、相手との関係性やその人の心の持ちようによって変幻自在に変化し、多様な位置づけが混ざり合っているのが、場の特徴である。まちライブラリーは、このような融通性の高い場を提供しているといえる。

# 第7章　計画性や制度から自由で、自生的に生まれるまちライブラリー
## ――知の哲人からの気づき

### 計画性と制度の罠

私たちは、何かを成し遂げるために計画を立てる。それが些細な日常のことでも、迂遠な目標であっても同様である。「計画性がない」「無計画である」という言葉に否定的な意味が含まれていることからわかるように、そもそも計画もしないでことをなすのは無謀であると、誰もが考えがちだ。それが組織であれば、なおさらである。企業や行政では、数年先まで見越して計画を立て、実行プランを練り、実行に移す。数年どころか十年先、さらに「国家百年の大計」など数世代先まで計画を立てる。そうしなければ、落ち着かない、行動にも移せない、予算も獲得できないなど理由は様々であるが、そうすることを当たり前と考えてきた。計画を立てるとそれで安心して休んでしまうような人もいるが（夏休みの計画や研究計画など）、多くの場合はなるべく計画通りに実行しようとする。しかしながら実行する段になると、徐々に現実との乖離を認識することになる。しかし一度

決めた計画をあきらめるのは、忍耐がない、誠実でないと評価される、世間体が悪いなど様々な理由でなんとか計画通り実行しようとする。その結果に、計画と現実に乖離があると、方法が間違っている、担当している人が不適切であるなどの理由をつけて、その執行方法の改善、改良に力を注ぐ。しかしまた時間の経過とともにさらなる課題が生まれて、それに対処するためにさらなる計画が立てられて、突き進む。時には法律を制定し、組織を作り、実行する。しかし、組織や制度も時間の経過とともに、現実の課題に対応できなくなっていく。そして、さらなる組織や制度の変更、変革を唱えるのである。このような連鎖から抜け出る方法はあるのか？　そもそも抜け出せない永遠の課題として受け止めなければならないのか？

この疑問を整理するために、まずは、私が長年身を置いてきた都市づくり、まちづくりの分野で異色の視点を持つジェイン・ジェイコブズからヒントを得たい。彼女は都市計画家ではないが、ニューヨークにおける都市計画に対して痛烈な批判を展開し、近代都市計画のもつ課題を浮き彫りにした。今では古典ともいえる『アメリカ大都市の死と生』（1961）で有名になったジャーナリストである。都市づくりやまちづくりの関係者からは、いまさらジェイコブズかという声もあるかもしれないが、ジェイコブズが問題提起した制度や計画の罠はいまだ解けない課題であり、そのような視点でジェイコブズから何を学べるのかについて触れてみたい。

## 近代都市計画に内包する課題

ジェイコブズの話をする前に、近代都市計画が成立する過程を少し振り返ってみよう。近代都市計画は、技術の進歩や社会の価値観の変動に大きく影響を受けてきている。

近代都市計画の黎明期、ハワード［Ebenezer Howard：1850-1928］は、19世紀ロンドンの産業発展の中で地域環境の悪化をさけるために、ロンドンを離れ、田園の自然と生活を一体化した都市像を提案した（1898）*。彼の提案は、イギリスはもとより世界各地のニュータウン建設につながり、都市構造の郊外化に先鞭をつける理論となったのである。また、ル・コルビュジエは、都市づくりの合理性を追求することで、その課題を解決でき、交通をはじめとした技術革新を通して理想的な生活環境を創生できると提案した（1930）**。

このように都市の理想像を掲げ、その計画の計画の実行を提唱した2人に影響を受けた建築家、都市計画家、政策決定権者、実務家は多数おり、その思想は現代においても修正や批判を内包した形で連綿と継承されていると言ってもよいだろう。都市計画とは、社会変化の後を追い、その変化に都市・地域の姿を変容させていくための手段であり、技術となってきた。

ベネヴォロ［Leonardo Venevolo：1923-2017］は、「近代都市計画の誕生は、工業都市を生み、それを変貌させていった技術や経済面での展開と時を同じくしてはいない」として、都市計画は、常に

＊　『明日――真の改革に至る平和な道』を1898年に出版し、1902年『明日の田園都市』として改訂版を出版。
＊＊　1930年に「輝く都市」の最初の案を発表し、その後1947年に『輝く都市』を出版。

後追いとなっており、「都市計画の技術はあいも変らず後手にまわっていて、本来それが制御すべき対象のあとを追いかけている始末であり、依然、対症療法的な性格のものにとどまっている」（１９７６）と指摘している。現代においてもベネヴォロの指摘するような状況に変わりはないと言ってもよい。グローバル都市の伸長と地方都市の衰退、高齢化に伴う介護や、家主のいない空き家対策、女性の社会進出に伴う待機児童問題など、時代とともにその内容は変われども、課題を追って、対処策を見つけようとしている。

このような中で、都市の成長と変化に対応してきた近代都市計画だが、生活者の視点から遠ざかっていった、という批判的視点から改善を提案してきたのはジェイコブズだけではない。アレグザンダー〔Christopher Alexander：1936-2022〕（『パタン・ランゲージ』１９７７）は、数学における集合理論を応用した「パタン・ランゲージ」による都市の再構成を唱え、ランダムなパタンによる線を加えることにより、人間的な姿に戻そうとした。リンチ〔Kevin Lynch：1918-1984〕（『都市のイメージ』１９６８）は、住民による意識が都市をどのように把握しているか理解するべきであると提唱した。この発想は、住民参加型による都市を考えるデザインゲーム手法など、参加型まちづくりの原点となり、都市の担い手である市民に焦点をあてる手法の源流になったともいえる。

日本におけるまちづくりはどうだろうか。坂和章平（『まちづくりの法律が分かる本』２０１７）によると、日本の都市に関する法律は２００以上に及ぶという。このように多くの法律が生まれてきた背景として、戦後の日本のまちづくりの時代的変遷があるとしている。①高度成長期、②アーバン・ルネサンス、③都市再生と特区、とそれぞれ時代が求めるものが変化したためであると指摘する。このように都市、まちづくりは、資本や制度の裏打ちなくしては成し遂げられないという宿命がある。まちづくりを身近なものにするために、生活者視点をとり入れる試みがなされてきたが、結局制度と法律が必要不可欠であり、都市、まちづくりのような地域社会の基盤整備は一般生活者から見て自らの生活とは遠い存在となっていったのだ。

しかしながらこれらの批判と似ているようで似ていないのが、ジェイコブズであろう。ジェイコブズの評価や批判について、街路の在り方やブロックの作り方などの手法論に目がいきがちであるが、それは一面的なものである。本来ジェイコブズが批判したかったのは、都市の計画性や手法論そのものなのである。

ジェイコブズは、『アメリカ大都市の死と生』(1961)の中で、既存の都市計画に対して真っ向から異議を唱え、その問題点を看破した。同書の冒頭でジェイコブズは「この本はいまの都市計画と再建に対する攻撃です。また、もっぱら都市計画と再建の新しい原理を導入しようという試みでもあります」と挑戦文をたたきつけている。ジェイコブズは都市計画が都市にもたらした問題点を以下のように記述している。「中所得者向け住宅プロジェクトは、都市生活の興奮や活力から完全に遮断された、真に驚異的な退屈さと規格化の権化となっています。高級住宅プロジェクトは、その空疎さをつまらぬ虚飾で補おうとします(実現できているかはさておき)。文化センターはまともな本屋を維持できず、市民センターは、あらゆる市民に忌避され(ただし浮浪者を除く——かれらは他の人々よりもうろつく場所の選択肢が少ないもので）、商業センターは規格化された郊外型チェーンストアショッピングの気の抜けたまねごと。散策路はどこからともなく始まり、どこへも続かず、散策者はだれもいません」（邦訳2010、20頁）と指摘し、大都市にはりめぐらされた幹線道路にいたっては、都市の破壊にすらなると言い切っている。ここまでジェイコブズが既存の都市計画を批判する理由として、ジェイコブズが見る「都市」と都市計画家たちが見る「都市」が大きく違っているという背景がある。

## ジェイコブズの都市計画批判と生態学的な都市観察

そもそもジェイコブズが批判すべき都市計画者としてあげているのは、近代都市計画の祖と言われるハワードとル・コルビュジエだ。都市を忌避して田園地帯に理想の都市を実現するか、都市の機能を分化し機能別に立体的に再構築することにより理想の都市を目指すか、という方法論においての違いはあるが、都市計画の基礎的な考えを提供し、世界の都市計画に影響をあたえてきた2人といえる。これに対してジェイコブズは、全ての都市計画家たちの画策は、都市における実際の働きとは無関係と位置付けている。ジェイコブズは、新装版への序（1992）で次のように指摘している。「街路から始まった宝探しと、それが次から次へとつながった話に戻りましょう。その道すがらのどこかで、わたしは自分が都市の生態学を学習しているのだと気がつきました」（同前、15頁）としている。記述されている数々のまちの様子は、都市の生態観察の記録であり、その結果から導かれる実態調査とその考察なのである。

ジェイコブズは、都市を観察して気づいた歩道の重要性や利用されない近隣公園などの事例を通じて有名な4つの提言をすることになる。（1）単純なゾーニングの否定。地区の用途は2つ以上、できれば3つ以上が望ましく、別々の時間帯に外に出る人々や、違う目的でその場所にいて、多くの施設を一緒に使う人々が確実にいることを指摘している。（2）ほとんどの街区は短くして、街路や、角を曲がる機会を頻繁にすること。（3）地区内には古さや条件が異なる各種の建物を混在させなくてはならない。これによって多様な業態の仕事や生活環境の人を呼び寄せることになる。（4）その地区には、十分な密度の人がいることが大切である、としている。この4つの原則は、ジェイコブズが観察してきた都市の実相から導かれた1つの解であり、重要な論点だとしている。

しかしながらジェイコブズは、「都市で起こるプロセスは、専門家だけが理解できる難解なものではありません。ほとんどだれにでも理解できます。（中略）なぜ帰納的に考えるか？　そうせずに一般論から考えていくと、最終的に不条理さに行きついてしまうからです」（同前、467頁）とし、観念とデータが、都市の実相からかけ離れてしまうことを訴えている。

帰納的論理は、実質的に都市にかかわりがある力とプロセスを識別、理解すること、そして前向きな利用が可能で、ナンセンスにならないと指摘している。そして自分が導き出した4つの原則に対しても「わたしはこれらの力とプロセスについてかなり一般化しましたが、こうした一般論が、個別の具体的な場所で個々の事柄が意味するはずのことを示すのに定型的に使えるとは、どなたも考えてくださいますな」（同前、468頁）としている。つまりジェイコブズの4大原則も他の提言も一般化されたものが理想的なモデルだというのではなく、あくまでもその一端を説明する方策にしかならないとしている。都市プロセスは定型化するには複雑すぎるということをジェイコブズは見抜いていたのである。

## 宇沢弘文の「社会的共通資本」という問題提起

都市づくりという社会基盤をつくる活動が、計画性と制度により、生活者の実態から離れたものになりがちであることを見てきたが、社会基盤をつくるうえで重要な提言をしてきたのが、経済学者宇沢弘文［1928-2014］の社会的共通資本である。宇沢は、資本主義と社会主義の相克が終わりを告げ、双方の経済と社会にひずみが生じた20世紀後半から21世紀を見据えた、新しい経済主義への脱皮を問う著書『社会的共通資本』（2000）の中で、新古典派経済学をはじめとする資本主義社会への警告のために、新たな社会づくりの概念を提唱した。

宇沢は、「社会的共通資本は、一つの国ないし特定の地域に住むすべての人々が、ゆたかな経済生活を営み、すぐれた文化を展開し、人間的に魅力ある社会を持続的、安定的に維持することを可能にするような社会的装置を意味する」（同前、4頁）とし、社会的共通資本を3つの大きなカテゴリーにわけている。1つ目が「自然環境」、2つ目が道路や電力網などの「社会的インフラストラクチャー」、3つ目が「制度資本」としており、「制度資本」は、教育、医療、金融、司法、行政など広い意味での資本として位置づけている。もっとも宇沢自身も、この定義は網羅的ではなく、排他的でもないとしており、とくに「制度資本」については重要な意味を持ち、固定的な概念を求めていない。

宇沢がこのように「社会的共通資本」を提唱した背景には、90年代に起こったソビエト連邦の崩壊とアメリカで起こったロサンジェルス暴動などの社会主義と資本主義経済のひずみの露呈があり、混沌とした社会を経済学的に立て直したいとの思いがあった。その宇沢が、市民的自由と、人間的尊厳と、安定した成長を可能にする経済制度としてヴェブレン［Thorstein Veblen：1857-1929］の制度主義をあげた。宇沢は、「私たちが求めている経済制度は、一つの普遍的な、統一された原理から論理的に演繹されたものでなく、それぞれの国ないしは地域のもつ倫理的、社会的、文化的、そして自然的な諸条件がお互いに交錯してつくり出されるものだからである。制度主義の経済制度は、経済発展の段階に応じて、また社会意識の変革に対応して常に変化する」（同前、20頁）としている。宇沢は制度主義への期待感の中で、社会的共通資本の概念を提唱したのである。

宇沢は、公的には未刊行だった著作をまとめた『宇沢弘文の経済学――社会的共通資本の論理』（２０１５）の中で『社会的共通資本――コモンズと都市』（１９９４）の各執筆者の論考を振り返り「都市は、人工的な社会的共通資本を管理、維持するための制度、組織である。（中略）都市の経済的、社会的、文化的諸条件を１つの統合的なかたちに類型化することは不可能であって、各都市がそれぞれ置かれている特定の状況のもとで、その最適な経営、管理形である」（２０１５a、１８１頁）と述べている。さらに「真の都市は、人々が生活を営むなかで、時間の経過とともに徐々に形成されるものであって、決して、都市計画や都市再開発計画にもとづいて一気につくりあげられた土地と建物と通路から成り立つものではない」（2015a、186頁）とし、アレグザンダーの「都市を癒す（heal）」やジェイコブズの「都市を育む（nourish）」という考えが大切であるとしている。また「あらかじめつくられたブループリントに合わせて都市が形成されるのではなく、部分から全体へとプロセスをふみながら、個別から一般へと帰納的な思考にもとづいてつくられなければならない」（同前、186頁）としている。

しかしながら、現実の世界経済はIT技術の急速な発展により、金融をはじめ世界経済のグローバル化が強まり、新自由主義が隅々まで浸透してきた。都市づくりもグローバル経済における覇者が集う都市像を求め、ル・コルビュジエ的都市像を進化させていったのである。宇沢が批判したル・コルビュジエの「輝ける都市」は、近代化の象徴であり、自動車交通を主体とした機能的なまちづくりであり、そこには人間の存在が欠如している、つまり、人々が住み、生活を営み、人間的な活動をする場としての都市ではないと断じている。その一方で、ル・コルビュジエの「輝ける都市」の人間的貧困と文化的俗悪を指摘したジェイコブズを高く評価している。

宇沢は「社会的共通資本」の管理に関して、その運営はそれぞれの専門家によって、専門的知見と職業的規律にしたがって管理、運営されるもので、決して「政府によって規定された基準ないしはルール、あるいは市場的基準にしたがっておこなわれるものでない」（2000、22-23頁）としている。なぜなら社会的共通資本の管理、運営は、フィデュシアリー（fiduciary）[1]の原則に基づいて、他者に信託されているからである。この発想の中には国家主義への忌避と、市場主義への不信感が表れている。志ある専門家によりフィデュシアリーな原則に基づいて信託されるべきだと考えてのことである。それを自らの実践と社会制度で実現しようとしたのが宇沢であった。

しかしながら、現実の制度資本は、社会の縮減にともなう行政機関の予算削減と、民間活力という言葉に踊らされた市場原理を中心として管理、運営される流れになってきた。むしろ時代の変化がこれら専門家の領域を越え、逆にその専門性ゆえに参画する人の幅を狭め、生活者の関心を喚起せず、かえって「行政的管理」や「市場化」を促進してしまった。その１つの事例が「公共図書館」ではないだろうか。次節以降、時代の変遷の中で、変化が求められている公共図書館の役割を俯瞰して見ていきたい。

## 公共図書館の新しい役割

図書館という言葉は、誰でも知っている。通常、図書館というと自治体が運営する「公共図書館」を想定する。前述したように図書館を規定する法律は、１９５０年に制定された「図書館法」であり、この法律には自治体が運営する図書館を「公立図書館」と規定し、無料で何人にも本を閲覧、貸出に供することをうたっている。また同時に日本赤十字社、一般社団法人、一般財団法人が運営する図書館を「私立図書館」としている。なおかつ「図書館と同種の施設は、何人もこれを設置することができる」と第三の図書館についても言及している。図書の蓄積、それへのアクセス、共有に関して広く国民にその権利があることをうたっているともいえる。しかしながらいつのまにか「公立図書館」が、「公共図書館」または単に「図書館」と呼ばれるようになったのである。私は、前でも述べた通り、そもそも法律上も「公立図書館」と呼称するより「官立図書館」と呼称する方が明確だったと思っている。「公共」を担うのは、日本では「官」であると考えている人が多いから、いつのまにか「公立」が「公共」になっても違和感を抱かないのだろうが、設置主体は「官」すなわち自治体であると認識しておく必要がある。ちなみに米国の「公共図書館」は、市町村立ではなくいくつもがアソシエイション型であり、非営利組織が運営している。法律上は民間ということになろう。ニューヨーク・パブリックライブラリーもニューヨーク市が運営しているのではなく非営利組織が運営している。もちろん公的資金等の支援はあるが、民間からの寄付により支えられているところが多い。市民が知識、情報へアクセスする過程に「官」が関与するのを嫌いがちな米国らしいやり方ともいえる。新聞社やテレビ局、出版社が官立でない理由は理解できても、公立図書館が官立であることに対する抵抗感がないのが日本らしい。私自身は、官立の公立図書館も私立の私立図書館も同じような力関係で発展し、役割分担と協調関係をつくり、「公共」に供されることが望ましいと考えている。民主主義社会での原理原則をいうならば、知識、情報を扱う組織は、多様な形態が望ましいと考えるからである。まちライブラリーがその一翼を担えるかどうかは分からないが、社会の在り方を問うためにも問題提起したいと思っている。ちなみに公共図書館は、日本図書館協会によると2022年には全国で3315館あり、その他に大学図書館が169

３館（短大、高専を含む）となっている。今、この公共図書館が大きな曲がり角にきている。その要因と、求められている変化の先を、いくつかの文献、研究をもとに整理する。

## 「知の広場」としての公共図書館

アンニョリ［Antonella Agnoli：1952-］は『知の広場』（２００９）の中で、主にイタリアをはじめヨーロッパの図書館をベースに、これまでの図書館では多くの市民の声に応えられなくなってきたとしている。とくに情報化の著しい進歩によって、単独の図書館がグーグルやその他検索サイト、YouTubeなどのメディアに太刀打ちできなくなっていることは深刻な問題であり、また図書館が高い教育水準を持ち得る階層の場となっており、一般の人々にとっては縁遠い場所になっていることも課題であるとしている。アンニョリは、本を扱うだけでも立ち寄りがたい雰囲気を醸し出しているとしている。

このような時代背景を鑑み、図書館は新しい時代にふさわしい改革をしていかなければならないとして、いくつもの提案をしている。とくに出会いと、中立性と、平等性を維持することが大切であり、そのために図書館をヨーロッパの町角にある広場のようにすべきだと主張する。「公共図書館とは、町と分かちがたく結びついた機関である。これまでの図書館、そしてこれからの図書館のあり方は、都市空間、つまり、教会、市場、広場のような『出会いの場』と深く関わっている」（邦訳２０１１、89頁）としている。

アンニョリは、都市社会学者アメンドラ〔Giandomenico Amendola〕を引用して「18世紀、議論の場、世論の形成される場としてブルジョワにより作られたカフェの誕生以降、近代都市は、公共の場の周囲に生まれている。広場、道、市場、劇場は公共の空間となり、19世紀ブルジョワ都市の本質そのものとなった。現代都市における公共空間の危機は、大都市に住む人間の危機の原因と結果である。公共空間は、もはや消滅しかけの幻影にまでなり、縮小されているのだから」（同前、90頁）と公共空間の危機を訴えている。さらに都市社会学者デイヴィス〔Mike Davis：1946-2022〕の言葉を引用し「現代の見せかけの公共空間――きらびやかな商業施設、企業の公園、人工的な文化施設など――には、〝さまざまな〟好ましからぬものを遠ざけるための直截的なシンボルがばら撒かれている」（同前、92頁）として、駅の待合室、公園のベンチなどが都市から奪われているとしている。このような時代の流れの中で図書館も公共の場としての危機から逃れることができないとして、その場を出会いの場へ、大人から子ども、裕福な人から貧しい人、ジプシーから枢機卿まで利用できる「〝屋根のある広場〟」にしなければならないとしている。

そのためにも、オルデンバーグの「サードプレイス」が有効で、人はその場の「機能」（ビールを飲む、散髪するなど）を求めに行くが、実際には人が自然と集い、会話がなされ、意見交換がなされる「中立的な場」であることが大切であると述べる。さらにそこでは、社会的な立場を越えて「平等の場」であることも重視されており、パットナム（2000）を引き合いにだして、優れた運営の公共図書館は、地域のソーシャル・キャピタルを豊かにする場所であるべきだと指摘している。

## アンニョリが推奨する公共図書館

アンニョリは、具体的な事例として２つの公共図書館の事例をあげている。１つはロンドンの「アイデア・ストア」で、もう１つがイタリアのペーザロにある「サン・ジョヴァンニ図書館」である。

「アイデア・ストア」は、ロンドンのタワー・ハムレッツ地区に誕生した図書館である。当該地区は人口21万5千人のうち、半数が移民、なかでもバングラデシュ系の移民が多い地区であり、イギリス連邦中最も失業率が高く、12・7％になっており、地区内の12の図書館は、ほとんど利用されていなかった。そのために商業施設内やショッピング街の一角に図書館を設置。地上階にエントランスを置くことでアクセスをよくし、面積を１０００㎡程度にして、空間の内装には赤や蛍光色、紫などの斬新で明るい色を使い、カフェテリアなどのリフレッシュエリアを設けた。スタッフも１ヶ所に固まっているのではなく、館内を歩き廻るスタイルとスーパーのような昼休みのない開館時間を採用したのである。結果、図書館利用調査によると、イギリスでもっとも豊かなシティ地区、ハロウ地区についで第３位の利用率（56・６％）になった。

このプロジェクトで大事なのは、始める前に図書館を利用しない理由を知るため「利用しない人への調査」も徹底させたことである。その結果、いくつかの要望は予想通り、豊富な蔵書、長い開館時間、新しい建物などであったが、もっとも重要なのは、日常の行動、例えばスーパーや商店街に行く、子どもを学校に送るなど、何かのついでに図書館に立ち寄りたいという希望があったことだ。その結果を受けて、もっと気軽な利用促進を目指して作られたのである。

もう1つのペーザロのケースは、サン・ジョヴァンニ修道院という歴史的な建造物の改築に合わせて作られた図書館であり、アンニョリがその計画にかかわった施設である。当該施設の計画は、歴史地区にあり、寂しい区域にある2つの通りを図書館という「屋根のある通り」でつなげようというコンセプトで開始された。周辺の住居と公共施設を一体化させ、パサージュを使って児童書、情報通信、音楽、芸術、人文科学といったテーマごとのコーナーをつくり、入り口のカフェテリアを起点にアーケードにあるショーウィンドウのようにして界隈性を出した。図書館のイメージをできる限り村役場や田舎の学校といった公共空間と違ったものにすることにより、普段図書館に来ない層も気軽に利用できるようにし、来街者の増加を図ったのである。そのために、デザイナーによるグラフィックデザインを導入し図書館に個性を与えるように仕向けた。2002年の開館の折には、子どもたちが古い図書館からの引っ越しを手伝い、それをパレードのように演出して新しい利用者像を浮かびあがらせるなど、アンニョリが図書館を核にしたまちの総合プロデュースを仕掛け、まちのブランドイメージを確立したのである。

## 変革を遂げつつある公共図書館像

このような変革を遂げつつある公共図書館は、ここ10年あまり世界各地で生まれている。橋爪紳也は『ツーリズムの都市デザイン──非日常と日常の仕掛け』（2015、36-45頁）の中でバーミンガムのインナーシティ（都心周辺の低所得者層の居住エリア）の活性化のため、図書館を核にした公共施設による再生を目指し、地域ブランドの向上、来街者増、都心の再生をなしとげた成功事例としてバーミンガム公共図書館を取り上げている。

バーミンガムは人口約100万人で、広域人口まで含めると230万人にのぼるイギリス第二の都市であるが、オイルショック以降、製造業の流失と景気の低迷と雇用状況の悪化によって都市中心部の空洞化が起こった。それに伴い、低所得者が住むようになり、生活環境や治安状況の悪化が社会問題化したという。これに対してバーミンガム市当局は、「Big City Plan」を作成し、その計画の一環として整備されたのが「バーミンガム公共図書館」である。総面積3・5万㎡、蔵書数は約100万冊を誇る、ヨーロッパ最大の図書館として完成した。オープニングセレモニーにはパキスタンで女性教育弾圧に反対する活動をしたため銃撃されたマララ・ユスフザイが招かれるなど、各方面で話題になった図書館である。オランダの建築事務所メカノー設計による建築も注目され、魅力ある空間として内外の来訪者を迎える場となっている。同館のキャッチコピーは「Rewriting The Book」で、21世紀における図書館の目的の再定義とバーミンガムの人々の生活を変化させていくことを謳っている。

橋爪は、ツーリズムと都市デザインは二極化していると指摘している。1つはグローバル都市を中心にテーマパークや大型商業施設、カジノ、劇場、ミュージアムといった非日常的な集客施設を設けて国際的な観光都市をつくるようなグローバル・ツーリズムの方向性、もう1つは都市やまちの日常活動に視点をあてたニュー・ツーリズムの振興によって集客を図ろうというものだ。後者のニュー・ツーリズムの中でも、地域コミュニティ内部から生じる自律的なツーリズムをコミュニティ・ツーリズムとして意義を強調している。バーミンガム公共図書館は、行政が主体となった図書館を中心としたまちづくりの活動が、コミュニティ・ツーリズムの担い手になり得た事例である。

日本でも図書館を核にまちの再生や来街者増につなげている事例は多数報告されている。猪谷《いがや》千香は、『つながる図書館――コミュニティの核をめざす試み』（2014）の中で東京都武蔵野市「武蔵野プレイス」、東京都千代田区「千代田図書館」、長野県小布施町「まちとしょテラソ」、鳥取県立図書館、武雄市図書館、伊万里市民図書館などの公共図書館を取り上げるとともに、NPO法人情報ステーションが運営している「民間図書館」や島根県海士町《あまちょう》で実施されている島をまるごと図書館にする事例なども紹介している。

それぞれの図書館に共通しているのは、生活者との接点を増やし、新しい生活にとってのプラットフォーム化が図られていることである。例えば、武蔵野プレイスでは、カフェを1階に設置し、雑誌や本を持ちこんで閲覧できるようにするなど従来の図書館のイメージを変えている。千代田図書館ではビジネスマンのテンポラリーオフィスとしての利用を可能にしたりしている。また小布施町の試みとしてまちとしょテラソのように民間採用の館長が、図書館をまちの演出の場にできるように市民の声を聴きながら作っていき、さらに「まちじゅう図書館」というコンセプトのもと、まちの中に小さな図書館を地域の店舗などの協力により設置していく事例もとりあげている。鳥取県立図書館では、ビジネス支援図書館として起業を支援する情報を提供し、武雄市図書館では、民間企業CCCが指定管理者として運営し、同グループの蔦屋書店と連携させるなどの工夫を凝らしている。また伊万里市民図書館では、開館前から市民と協働で作り上げる試みがなされ、現在もそのメンバーが図書館活動を支えているという。

　このような図書館の事例は毎年増えており、従来の商業施設によってまちおこしをする事例が、図書館のような文化施設を中心として集客や交流、情報発信やインキュベーション[2]などを創り出すためのエンジンとして使われているのである。猪谷の著書が発表された後にも、岐阜市立中央図書館（ぎふメディアコスモス）や富山市立図書館など各地で新しいタイプの図書館ができている。これらの図書館は、著名な建築家の伊東豊雄や隈研吾などが設計を担当しており、まちのシンボルにもなっている。

## 場としての図書館

　図書館情報学者の久野和子（2010）は、ウィーガンドが、これまで図書館関係者や研究者が、「場としての図書館」（the Library as place）という研究テーマを看過してきたのは大きな損失であると言及したことを紹介している。従来の図書館情報学の研究テーマが「情報」「教育」「学習」であり、主に「図書館での生活の中での利用者」に焦点をあててきたが、「場としての図書館」を研究課題とすることは「利用者の生活の中における図書館」という広い観点からの研究になるという。さらに図書館情報学者の川崎良孝（２００９）を引用し、これからの図書館を研究するにはハーバーマス、パットナム、オルデンバーグが必要であるとしている。つまり、「公共圏」「ソーシャル・キャピタル」「第三の場（サードプレイス）」がテーマになってきていると指摘している。

パットナムは、フェルドシュタイン［Lewis M. Feldstein］との共著 *Better Together*（２００３）の中で、ソーシャル・キャピタル向上の成功例としてシカゴのニアノース分館を取り上げている。ニアノース分館は、貧富の格差がある2つのコミュニティの境界に新しく建設された。図書館で実施されるコミュニティ活動、ボランティア活動、学習・情報活動、そして平等で適切で幅広い図書館ならではのサービスを通じて、隔絶した両コミュニティの住民同士の出会いと交流、そして互酬性、信頼性を生み出しており、図書館がサードプレイスとして機能していることを論じている。外向きで、様々な社会的亀裂をまたいで人々を抱合するような「橋渡し型」社会関係資本の育成と、内向きの志向を持ち、排他的なアイデンティティと等質な集団を強化していく「結束型」社会関係資本の育成の両方に成功した貴重な事例であると紹介している。

このように公共図書館はその役割として、地域のコミュニティの場となり、まちのシンボルともなりえることが期待されているのである。このような地域の場として期待されている公共図書館ではあるが、閲覧者を優先するため、中には自習を禁止するところがある。また静寂性をもとめてパソコンなども禁止している公共図書館もある。静寂だけを求めているのであれば、自宅に本を持ち帰ってもらえばすむことである。むしろ家にはネット環境がない、あっても脆弱であるといった人のために環境を提供してはどうだろうか。また家で人を呼んで議論したり、談笑したりすることは難しい。みんなの広場として、もっと現代にあるべき公共図書館の姿を議論すべきではないだろうか。また、前節で紹介したように、徐々にまちのシンボルにもなるような公共図書館も誕生しているが、ともすればそれに目を奪われ、身近にあるべき図書館が距離的にも、心理的にも遠い存在になりがちであることを忘れてはならない。アンニョリが紹介したようにロンドンのアイデア・ストアは、普段、本に触れることが極めて少ない地域や人に着目して作られた。商業施設に組み込むなど、身近な生活空間に設置され、運営もなるべく親近感がわくような配慮がなされている。規模も1000㎡程度に抑えられ、お互いが身近に感じられる空間規模とデザインがなされている。つまり、地域の人が歩ける範囲で、ふらっと立ち寄れる地域の居場所であり、触れ合いを感じる場であることが大切である。また、図書館学者の長塚隆がマイクロ・ライブラリーサミット2020で紹介したように、中国では公共図書館とは別に、「公共読書空間」をまちの中に増やす努力がなされているという。市政府が本屋や学習塾、銀行、カフェなど民間施設に協力と支援を行い、本のある場を作っている。

しかしながら日本の図書館では、緊縮財政政策にともなう自治体予算の削減や生活時間の変化から、分館を閉鎖し中央館に集中するなど、サービスの見直しが続いている。先ほども述べたが、中央館だけシンボリックで集約的な機能を持たせることに注力し、その実施のために、自治体によっては指定管理者制度などを通して民間企業への委託などが進んでいるわけである。中には本屋やコーヒーショップを併設するなどして市民の利用が増えたところもあるが、そこで働くスタッフが有期雇用や派遣労働というかたちになり低賃金になりがちであることと、専門的職能機能が失われつつあるといった批判も多数出てきている。また、小学生や運転免許を返納するようなシニア世代が、歩いて公共図書館を利用することが難しくなっているのである。

このように公共図書館も大きな曲がり角にきており、宇沢が指摘したように、制度的社会的共通資本が市場化の中で大きな課題を抱えるようになった1つの事例ともいえる。

## 私立図書館等の先導

ここまで公共図書館を中心に見てきたが、明治に設立された私立図書館について図書館界の重鎮である前川恒雄・石井敦は、『新版　図書館の発見』(2006、127-128頁)で、1902年に成田山新勝寺貫主《かんじゅ》、石川照勤《しょうきん》により設立された成田図書館を紹介している。設立の動機は、日本の公共図書館が役所流だったのに対し、できるだけ自由でいたいという、官へのアンチテーゼだとしている。成田図書館では、閉架型の図書館が当たり前の時代に、自由に本を手に取れるように見える場所に本棚を置くなど配架にも工夫がされており、図書館と読者の間には家族的雰囲気があったと紹介している。さらに成田図書館では、利用者との懇話会を設けるなど公共図書館の先駆的な役割を果たしたとしている。

戦後の私立図書館ないしそれに類する私的な図書館活動で忘れてはならない活動がある。石井桃子たちによる「子ども文庫・地域文庫」である。石井は、1954年―55年にかけて欧米の子どもの図書の出版事情や児童図書館の活動を視察し、日本と彼我の差を感じて、帰国後各方面に対して児童図書をめぐる環境改善に動く。自らも1958年、東京都杉並区の自宅を開放し、「かつら文庫」という児童文庫を実施する。この活動の記録が『子どもの図書館』（1965）という本になり全国各地に賛同者が現れ、広がりが生まれたのである。筆者が唱えるマイクロ・ライブラリーやまちライブラリーの先駆けとも言える活動である。

汐﨑順子の『児童サービスの歴史』（2007）によると『子どもの図書館』の刊行後、「ポストの数ほど図書館を」という合言葉のもとに、全国各地に続々と文庫が誕生した。日本図書館協会の調査によると1970年には全国で265ヶ所が文庫調査に回答し、さらに1981年には日本図書館協会の補助、支援のもと全国子ども文庫調査実行委員会が、4557ヶ所の文庫に問い合わせを行い、1878ヶ所から回答を得るなど、既に閉館したところがあるとしても相当な広がりだったことがうかがえる。この活動は多くの子どもや母親にたいしてばかりでなく、公共図書館の児童図書コーナーが拡充されるなど、日本の図書館活動への影響は多大なものであったと言える。

石井自身は、『子どもの図書館』の中で6年目の活動を総括して「文庫がうまくゆけばゆくほど、文庫のおとなたちの負担は大きくなります。生活の心配もなく、ほかに仕事もないのならば、それもいいのですが、私たちの場合、そうではなかったので、家庭文庫研究会でも、会合のたびに、それが問題になりました。家庭文庫は、やる以上、いい仕事にしなくてはなりません。けれども、どの程度までやり得るか、これをくり返し話しあいました。そしていつも、結局、公共図書館と結びついた時、いろいろな問題（本や人力の補充とか、子どもたちへの働きかけ方などの本式の勉強とか）が、かなり解消されるのではないかというところにおちつきます」（1965、47頁）と公共図書館との結びつきについて記述している。実際7年目で家庭文庫研究会を解散することになったが、活動がしぼんだからではなかった。活動資金のために始めた絵本の発行が順調で収入もあったが、個々人の仕事としてやるには限界があり、むしろ地区の公共図書館と結びついて、実際上の指導を仰いだ方が良いという結論に達したからだとしている。このように個人文庫として広がった「子ども文庫・地域文庫」は、良い本を子どもたちに届ける、読ませるという目標意識を持った活動として昇華し、公共の力に委ねる形で徐々に収斂していったのである。

このように規制や組織が柔軟な私立図書館の活動から新たな動きが生まれている。規制や官を中心とする活動の外側に未来があることを、改めて考えさせるのである。

## 計画性や制度の外にあるまちライブラリー

まちライブラリーのこれまでの活動を振り返ると、私の無意識の中にジェイコブズ的発想があったと思う。アーク都市塾から六本木アカデミーヒルズまでの軌跡は、計画的というよりその時々の流れにそってきた結果である。まして、私個人の立場で始めたまちライブラリーは、制度にも計画にも縁遠い活動であった。それゆえに変幻自在に形や様態を変えて、10年以上にわたってそれぞれのまちや人にそった活動を行ってきた。そもそも個人の力で何ができるのか？　地域や社会のために、組織や制度に依存しない形でどのようなことができるのか、淡い期待を持つこと自体が私の夢であり、目標であり、生きがいだった。端緒からそのように考えていたが、結果がともなうかどうかは途中まで確信がもてなかった。10年経ってみて、ようやくある程度の成果が積み重なり、まちライブラリーは特殊な状況下だけで成立するのではなく、人それぞれ、場所それぞれの活動として個性的な活動がなされていることが確認できた。

もしまちライブラリーが制度に準拠した活動であったなら、このように各地各様の活動として広がっていただろうか。制度の課題というのは、制度を運用する団体、つまり多くは行政ということになるが、そこが運用する段階で内包されてしまうのである。行政が施行する場合、制度にのせるべき活動かどうか、それを担える団体かどうか、必ずそのような検討を経たうえで初めてテーブルにつける。そのうえで、運用するにあたり基準に達した活動であるか、目標が制度と合致しているかなど細かく検証されていく。その段階で、個性的な活動方針や奇想天外なアイデアは消えていくことになる。前述したように場所のないところに本を持ち寄る活動でも、まちライブラリーと名乗って、その場に集う人々は満足している。このような活動は制度にのりにくい。

社会的な活動が制度的であると同時に、計画性が必要であるという考えも同様である。計画を立てることは、実現性の高い行為だと勘違いされやすい。計画というのは、事を始める前に、事が起こった後のことを想定し、順序だてて実行に移す手順と理解してよい。しかしながら事を始めた段階で、必ずといってよいほど予期しない出来事が起こってくる。そのような予期しない出来事は、計画の当事者にとっては非常に邪魔なものに見える。目標を設定した計画である以上、その段階で想定しないことはノイズになる。

例えば、こんなことがまちライブラリー@千歳タウンプラザであった。開設直後、多様な利用者が来訪し始める中、高校生たちが自習をし出した。当時の担当者が、驚いて電話してきたのを思い出す。「まちライブラリーというのは、もっと本を読むとかイベントする人が来るべきで、自習に使われてしまうと当初の目論見と違ってきませんか？　自習禁止にして高校生には出てもらいましょうか」という相談であった。私は、それはもったいない、来ている人が答えなのではないかという回答をした。公共図書館でも若い世代の図書館離れに対する議論がなされている中で、「YA（ヤングアダルト）コーナー」を設けて中高生の利用を促進しているところもあり、それは逆行する考えに思えた。理由はどうあれ若い人も集えるという空気感は、なによりも大切である。気づまりで束縛されている雰囲気がなく、少しばかり清潔でおしゃれな空間であることは大事な要素である。結局、前述したようにこのまちライブラリーはいったん閉鎖されることになったが、復活の原動力の1つが、高校生たちの要望だったことは、皮肉な結末であったとしかいえない。

このように当初の思惑との違いを新たな可能性と見て取り、前提にこだわらず運営していくことが何よりも大事である。計画至上主義は、むしろ事を進める障害になりやすい。人生を振り返って、計画通りの人生を歩んできた人がどれだけいるであろうか。計画主義の人であっても、紆余曲折を経て今日があると考えているはずである。しかも思惑が外れたからといって、現在の自分を否定的に考える必要がないことも多くの人は理解している。もちろん思うようにいかないことがあればがっかりもする。場合によってはやる気が失せることもあるが、少し時間をおいて考えてみると、結果としてよかったことも多々ある。人生というものは、そのようなものである。逆に、思いがけない出会いであるとか出来事によって、自ら考えていた以上の結果を得ることもある。一人一人がこのような体験をし、生きてきているのであるから、社会は自ずと計画通りに事が進むと考える方が無理がある。場所も人も違う環境の中で、随時変化する環境を捉えて事を進めることが大事だと、まちライブラリーを振り返ると改めて感じるのである。

## 小さなつながりから派生する大きなネットワーク

さらに、活動をゆるやかにネットワーク化したことも大事だった。個々の場所では小さな活動でも、そこにゆるやかなつながりが自然に生まれ、広がりを生み出すのではないかという妄想は、活動当初から頭の中にはあった。そのことを明確に認識できたのは、まちライブラリーをテーマに大学院で研究しようと考えた折だった。当時、大阪府立大学の理事長・学長だった奥野武俊氏が示唆に富むメモをいくつもくださった。その１つが、つながりの科学の概念である。私も大学院へ行くにあたり何か拠り所が必要であろうと、少しばかり関係する著作や研究論文を調べてみた。その中に小さな世界が大きな世界に広がりうるかというテーマの有力な研究があった。とても興味深く、まちライブラリーの広がりを説明するには説得力があるように思えた。またこの種の個人的な活動が社会に広がるうえでも大事な視点であると考えるようになった。そのいくつかを簡単に紹介しながら、私の考えを整理してみたい。

1960年代後半、ハーバード大学の社会心理学者であるスタンレー・ミルグラム［Stanley Milgram：1933-1984］が興味深い社会実験をする。ミルグラムは、以前にも教師役と生徒役を何名か用意し、それぞれの役割を植え付けていく中で、特定の環境を与えると教師役が生徒役に学習における罰を与えるようになるという権威者の立場が服従を強いることを証明する実験を行っている。他者への強要が、必ずしも悪意のある人によってなされるのでなく、良識をもっている人でさえそのような環境を与えると実行しうることを証明しようとした。このような人間の性質に迫る社会実験をする社会心理学者、ミルグラムが実施した実験とは、以下のような概略である。

米国の中西部の特定の町2ヶ所に住む人を無作為に合計300名程度抽出し、その人に手紙を送る（注：実験は2回実施される）。第2の実験で、選ばれた人には、ボストン近郊に住む、無名の株の仲介人に手紙が届くようにしてほしいと依頼した。ただし、それぞれの人がファーストネームで呼び合う人に手紙を出すというルールを課したのである。つまり、誰に出しても良いわけではなく、親しい友人や知人に出すことによって目的とするボストン郊外の株の仲介人に何人でつながるかを実験した。今のようにインターネットで検索もできず、また電子メールもない時代である。それぞれの人が郵便を出し、連絡をして最後まで届いた手紙が何人目であったかを検証した。結果は、仲介者数の中央値が5人という予想外に少ない数字であった。広大な米国で、しかも無名な人が、身近な友人知人だけに手紙を出しながら、結果として6名弱でつながっていくことを証明したのである。届いた手紙の数は30件程度であり、また追実験もしにくい社会実験だったため、その信憑性に疑義がなかったわけではない。しかしながら、1990年代に入り、ダンカン・ワッツ［Duncan J. Watts : 1971-］という若い研究者が、この問題を数学的なモデルで解いた。

ワッツは物理学を専攻する博士課程の大学院生であった。指導教官からは、東南アジアなどに生息する大量のホタルの点滅やコオロギの鳴き声などが同じタイミングで繰りかえされるシンクロの仕組みを、論理的に説明するようにとの課題を与えられていた。そのワッツが、あるとき父から世界中の人が6人でつながるというのを聞いたことがあるかという話をされ、その証明に挑戦する。何ヶ月も図書館で文献を調べ、どうしても解を見つけられないでいた折に、「人のつながりは時に弱いつながりが無数にあり、このつながりが大事である」という論文にでくわす。マーク・グラノヴェッター［Mark Granovetter : 1943-］の「弱いつながりの強さ」というテーマの論文である。人は、親兄弟、職場や学校でのように比較的強くつながる小さな社会に属しており、誰しもそれぞれが複数の輪の中に入っている。しかし、時には無秩序ともいえる広がりをもったつながりがある。例えば、日本の小さな寒村にいても海外の人と何らかのつながりを持っていたり、たまたま参加したパーティーで出会った人であったりと、そのつながりは必ずしも特定の社会構造だけにおさまらない。

米国における転職ではこのような親兄弟や親しい友人以外の弱いつながりが有用であった、という研究論文で一躍有名になった人で、この種のつながりの研究にはよく取り上げられる人でもある。

グラノヴェッターが指摘した無作為なつながりを、ワッツは自身によるモデルに入れ、70億人という全世界の人口規模でも数次のつながりで特定の人同士がつながることを証明し、共同研究者のストロガッツと共に論文にした。イギリスの科学雑誌「ネイチャー」にも掲載され、当時大きな話題にもなった。「世界は6次の隔たりで構成されている」と言われるゆえんである。誰でもが地球の裏側に住む特定な人と5人の人を経てつながりを持てるということを証明したのである。世界中の人が、極めて少ない人によってつながることは驚きであり、興味深い。その後も、追試験や理論的な研究もされており、テレビのバラエティ番組でも、タレントが米国の誰かと何名でつながるか、などという内容で取り上げられることもある。今回の新型コロナウイルスによるパンデミックでは、米国のテレビニュースが当初、「6次のつながりを絶とう」というように言い続けていたのには、このような背景がある。身近なつながりが、世界につながり、結果としてウイルスによる感染が広がることを恐れてのことである。

このようなゆるやかなつながりが、大きなネットワークになりうるという考え方は、まちライブラリーの広がりにもあてはまるかもしれない。残念ながらそれを実証するようなネットワークに関する追跡調査はできていないが、少数者から全体へ広がるという考え方は、大事な視点だと考える。まちライブラリーの運営拠点が増えるだけでなく、大阪府立大学の「植本祭」でも、たった数名のつながりが、さらなる仲間をつくるきっかけにもなったといえるのではなかろうか。無名で、顔も広くない多くの人にとって、自らの活動を身近な人に語り続けることが少しずつ、多様な輪を広げることにつながり、結果として世界中に広がるという考えは、夢物語ではなく科学的な根拠をもっており、勇気を与えてくれる。

## アダム・スミスの原点にある「個」の力

前述した宇沢は、社会的共通資本の担い手は「専門性」と「専門家」による職業的規律に基づき、フィデュシアリーな原則に基づいて活動を信託されることが重要であるとした。この背景にあるのは、政治的な意図や資本の論理だけにくみしない、専門家の高潔な対応が大事であるという考えであろう。実際、そのような専門家の努力により、医療や司法制度など多くの制度的社会的共通資本が維持されてきた。志の高い専門家こそが、公的な役割を果たしえるという考えは、多くの人の共通認識となっている。

しかしながら同時に、市井に生きる人が担っている社会的共通資本と言えるようなものもあるのではないだろうか。行政組織もない時代から我々は、地域で助け合い、少しでも安寧な生活を作ろうとしてきた。近代化により行政組織が整備されてからでも、身近な地域活動の大半は市井の力で生み出されている。生活に根差した知恵から生まれた無形の社会インフラは多数あったし、今も残っている。むしろ専門家だけで集い考えるために、専門的な視点から抜けきれず、市井の人たちが違和感を持つ活動もある。生活者の視点から生まれる活動が社会的な基盤づくりになりえるのではないかと始めたのが、まちライブラリーであった。もちろん、今までにも公共的な目的を持ったNPO団体やボランティアグループが形成され、各種活動が実施されてきた。それぞれの目的を達成するために結成された「組織」になんらかの補助金を出したりする自治体や企業などもある。しかし、そのような「組織」を中心とした活動には参加しにくいと考える人もいる。団体の目的やミッションに共感できても、行動をともにするとなると敷居の高さを感じる人も少なからずいる。また補助金等がなくなれば行き詰まってしまう活動もある。私は、もっと個人の立場で気軽に参画でき、資金や組織がなくても継続でき、その連坦が社会的なインフラになりえるものを夢見たのだ。ただそのためには、制度的な裏付けや金銭的な利益がなくても、個々の人が自生的に活動を起こす動機付けが必要である。実際、私はまちライブラリーを始めて、ある程度そのような環境でも人は行動するのだと実感していたが、その理論的な裏付けを探していた中で出会ったのが、アダム・スミスである。

スミスは、『国富論』（1776）により「経済学の父」として認識され、つとに有名な「神のみえざる手」という言葉によって市場原理の力を語り、近年では新自由主義的な発想の権化とされてきた。しかしながらスミスの本質は、むしろ道徳哲学者で、新自由主義者の発想とは大きな違いがあることが分かってきた。正直に言うと私がスミスに関心を持ったのはこの数年ほどである。それまでの私にとってスミスは、250年以上も前に生きた、教科書に載っている哲人の一人でしかなかった。私がやっていることとなんら関係しない人だと考えていた。しかし、そのような先入観をことごとく覆してくれたのが、スミスの『道徳感情論』（１７５９）である。スミスは、生涯に２冊しか本を残さなかった。１冊が『国富論』、もう１冊が『道徳感情論』であり、この著作はスミスが、グラスゴー大学で道徳哲学の教鞭をとっていた折にまとめていたものを基にしていると言われている。スミスの狙いは、この書を通して、社会を形成している人間の本性とは何かをあらわすことにあったと思われる。スミスの鋭く、時代を超えて今なお輝きを失わない視点は、私がやっているまちライブラリーのみならず、これからの時代を考えるうえで多くの示唆に富んでいる慧眼である。そのいくつかに触れてみたい。

スミスは、人間の「共感」（Sympathy）を冒頭にあげている。（注：以下、「共感」という言葉を使うが、これは２０１３年版講談社学術文庫の高哲男訳に基づく。他の訳者では「同感」としているものもある）その一節を以下に記す。

「いかに利己的であるように見えようと、人間本性のなかには、他人の運命に関心をもち、他人の幸福をかけがえのないものにするいくつかの推進力《プリンシプル》が含まれている。人間がそれから受け取るものは、それを眺めることによって得られる喜びの他に何もない。哀れみや同情がこの種のもので、他人の苦悩を目の当たりにし、事態をくっきりと認識したときに感じる情動《エモーション》に他ならない」（邦訳２０１３、30頁）

と記し、そのような共感は、高潔な人であれば強く感じるだろうが、手の施しようのない悪党でもまったくもってないわけではないとしている。スミスは、同書を通じて人間とは、自ら体験することだけでなく、他の人に起こる出来事に関心を持ち、それをどのように感じるかだけでなく、他者がどのように感じるかを推察し、自らの心の声ともいえる規範をつくるものとしている。スミスは、これを「公平な観察者」と称しているが、これはまさにわれわれが行動する中で、自問自答する姿を浮き彫りにしている。さらにスミスは、このような習性がある人間は、人の称賛や非難の基準を作り、その上で可能な限り称賛を求め、非難を避ける行動をとり、それが社会秩序を形成する一助になっているとしている。ただしスミスは、世の中の人には賢者と弱い人がいて、賢者は自らの心の声を大事にし、自らに必要のない富や地位をもとめないが、弱い人は世間の評判や富や地位を大事にし、その富や地位を求める行為そのものが混乱の原因になりがちだとしている。一方、弱い人が富や地位を求める行動が、結果として社会の発展につながるとしており、弱い人にも役割があることを指摘している。人の複雑な感情の起伏が、社会の秩序と起伏を形成し、人の弱みや虚栄心が経済発展の基礎になるという視点は『国富論』にもつながっている。富や地位を求める自己愛的な行動が、結果として社会の発展につながり、貧困にある人に必需品を届ける力になると。しかしながら同時に人間としての規範、道徳がなければ際限のない無秩序にもつながるとし、弱さと道徳観のせめぎ合いが社会を形成しているとしている。完全な人がいないように、完全な社会もなく、弱さと賢さが絡み合いながら社会が築かれることを、スミスは膨大でかつ細かく、また深い洞察力に富んだ人間論の中で展開している。

『道徳感情論』の初版は1759年刊だが、スミスは生涯にわたり同書を5回書き加えている。最後の改変はスミスが亡くなる1年前の1789年で、翌1790年に最後の版が出されている。執念ともいえる執筆である。その中でスミスが書き加えた部分に、「秩序体系《マン・オブ・システム》を奉じる人間」(the man of system)の記述がある。

「秩序体系《マン・オブ・システム》を奉じる人間は、自分自身がとても賢明であるとうぬぼれることが多く、統治に関する彼独自の理想的な計画がもっている想像上の美しさに心を奪われることがしばしばあるため、どの部分であろうとおかまいなく、それからのごくわずかな逸脱にも我慢できない」(同前、430頁)としている。これは、1789年にフランス革命が始まり、警鐘を鳴らすために書き加えられたと言われているが、まさにその4年後にはマリー・アントワネットをはじめ多くの人が断頭台で処刑されることになる。スミスは、ゆっくりと時間をかけ、対話をしながら、弱い立場の人や権益を失うかもしれない人にも意を傾けた社会変革がなされることが大事であると訴え続けたのである。このように社会全体に警鐘を鳴らしたくだりであるが、私にはジェイコブズ、宇沢、オルデンバーグが訴えたものと共通するものを感じる。計画的にまっしぐらに目的に進むのではなく、状況をみて相手の声を大切にしながら徐々にその場や状況にふさわしいものをつくりあげていくべきだというメッセージが聞こえてくるのだ。さらにまちライブラリーを実践している私には、『道徳感情論』の次のくだりが何より心に残った。

「本や詩を繰り返し読んでしまうと、我々はそれを読んでもまったく楽しめなくなるが、同席者にそれを読み聞かせることには、まだ喜びを感じられる。(中略)つまり我々は、それがもたらす印象のすべてを、自分自身がどのように思ったかではなく、彼にとってどのように思われたかという観点から判断するのである」(同前、39頁)

このように、我々は自らの体験や感動を共有してもらえる相手を求めているともいえる。誰にも知られずに黙々とやるべきことをやっている人でさえ、誰かに気づかれ、認められることにより自らのやってきたことへの意義や愛情を深め、さらにそれが活動を継続していく力になっていくことは容易に想像できる。スミスが指摘した自己愛からくる行動と他者との共感が、車の両輪のように一対になることでさらなる力になっていく。高邁な理想に駆られて何かを始めるだけが社会的基盤をささえるのではなく、むしろ卑近な自己実現や自己愛があってこそ活動が開始され、継続される。そして、その対価に求めるのは金銭的なものだけではない。誰かに認められたい、自己実現をしたいといった生きがいが、人を行動させる。さらにこの行為を誰かが認め、称賛することにより、さらに前に向かって進んでいけるのである。まちライブラリーがこのようにスミスのいうところの「個」の動機付けを受け止め、それを促進する秘められた力をもっているともいえる。

次章では、個の活動が活かされる社会への道筋を考えていきたい。

# 第8章　「個」が主役になるまちライブラリー

## 解を求めるまえに

ここまで、まちライブラリーとはどのような場づくりだったのかを基本的な考え方や事例、運営者や利用者の声をもとに考察してきた。最後に本書の命題である、「個」が社会で生きやすくなるために、まちライブラリーがどのような役割を担えるのかを考えていきたい。ここで普遍的な解を用意できれば多くの読者も私自身も納得がいくのかもしれないが、そもそもその「解そのもの」を、まちライブラリーは否定してきたのかもしれない。そこで、私がまちライブラリーを始めるにあたって歩んできた軌跡を再び振り返り、鍵となったと思われる取り組みでの姿勢や考え方を整理しながら、解らしきものを探っていきたい。もっともその解は普遍的なものではなく、あくまでも私にとっての解であり、読者にとっての解はそれぞれ自身で問い、新たに求めていってほしいことをお断りしておきたい。またそれは演繹的で汎用性のある解でもなく、しいて言えばおのおのにとってのヒントといったところであろう。したがって、ここで紹介する解をもって、まちライブラリーは「個」が主役になるための万能薬になるとは言えない。しかし、私の解が、社会や組織の中で多少とも疑問や壁にぶつかっている人たちへの一助となれば幸いである。

## 組織への依存を極力さけるコツ

本書の冒頭でも触れたように、まちライブラリーは私自身の個人的な挫折から始まった活動である。その挫折を自らの手で乗り越えようと模索する中で生まれたといっても過言ではない。その挫折が、組織と私個人の関係性から生まれたものであったので、極力、組織に依存した活動ではなく私個人、そして応援してくれる個々の人の関係性を大切にして活動を始めたのである。きれいごとではなく、私個人の意地のようなものがあったかもしれない。その結果、まちライブラリーを運営する約6割の人が、個人で運営していることになったともいえる。次に、組織への依存をどのように変革したのかを具体的に紹介する。

組織に依存する大きな理由の1つが、資金である。何かを成し遂げようとするとどうしてもお金が必要であると考えがちだ。そのために資金力のある組織に依存することになる。行政や企業が資金を出してくれればとか、それらの組織がやってくれるならできるのにという発想である。だが逆に、資金を必要としない範囲の活動にすれば、組織的な対応や応援に頼らずに進めることができる。その範囲は人それぞれであるが、自らが身銭をきってやっても問題ない範囲を設定して、それを越えない程度にやることである。人は趣味でゴルフに行ったり、山登りをしたり、温泉に行ったり、嗜好品を収集したり、音楽やスポーツを鑑賞したりしている。なんらかに自らのお金を使って生活に潤いを与えているのだが、これらは行政や企業が支援してくれているわけではなく、自らの意思で実行している。こうした活動と同じようにまちライブラリーをやれば、気軽に楽しむことができる。蔵書が何冊必要であるとか、何冊貸し出したとか、何人来たといった目標も気にならなくなる。また、そのために資金をどの程度用意しようということより、趣味の範囲内で実施すれば良いので、余裕のある活動ができる。場所も自宅や行きつけの場所、あるいは公園やカフェで不定期に実施しても問題ないとしたら、とくに賃料を払う必要もない。カフェでは飲み物代等が必要であるが、参加者で割り勘にして本を紹介するなり、交換するなりといったこともできる。このような視点を原点にスタートすれば、まちライブラリーは資金から自由になれる。組織に頼らない活動ができると心の余裕が出てくる。ここが大事なポイントだ。地域活動とかコミュニティ活動をしようと構えると、ともすれば場所はどうする、資金はどうする、仲間をどうするということから発想しがちだが、まずは自らが楽しむことを前提に始めることが大事なのではないだろうか。

私自身もまちライブラリーを立ち上げた当初は、楽しめる範囲でスタートした。前述した「まち塾@まちライブラリー」として模索していた段階では、まちライブラリーに興味を持ってくれたカフェやお寺を借りて、その場所のオーナーさんのお話を聞く会をやったり、会費制で懇親会を催したりした。そこでのつながりが、まちライブラリーに興味をもってくれる人の輪を広げたともいえる。私にとっては、自らの話を聞いてくれる人や、新たな発想をもたらしてくれる人との出会いの機会づくりだった。このような活動には、特段の資金も組織的な対応もいらず、組織に頼る必要はない。もちろん活動の内容や規模によっては、組織的な資金力を必要とするものがあるのは当然だが、自らの居場所を作るようなささやかな活動のために組織や資金をあてにする必要はない。お金や組織への依存を避けられれば、自らの発想を素直に表出できる。ここが大事な視点だ。ではなぜ組織から自由になることが大事なのかを、次に整理してみたい。

## 組織への依存より、心の自由

組織は、社会にとってはなくてはならないものである。組織的な活動ができるようになったことで人類は発展し、豊かな繁栄を築けたのは疑う余地がない。しかし、その組織の在り方も時代とともに、また地域や文化や政治体制による様々な変遷を経て変化する。これらの組織は、それぞれの設立された時代や文化、政治や地域性に依存しながら、社会を支える力となってきた。そこに属する個々の人たちが結果を享受する場合もあれば、単に抑圧される場合もある。そのような組織の在り方については、古今多様な議論がなされてきたが、ここではその組織論を展開するつもりはない。ただその組織がどのようなものであっても、属しているのは個々の人であり、組織の性質や構造しだいでそれぞれの人にとって生きづらかったり、生きやすかったりすることは誰しもが経験している。その中であえて組織への依存感を少なくし、心の自由を得るためにも、自らの力で成し遂げることができる活動を手に入れるのが大切である。まちライブラリーは、そのための手段であり、視点の切り返しになるといえる。いったん個人の力で成し遂げることができる活動を確立すると、次に他者との連携が視野に入ってくる。さらに組織と対等な視点での連携もできる。行政や企業を頼るという視点ではなく、むしろ頼られることにもなり得るのである。

この点で強い気づきを与えてくれたのは、岩手県大槌町《おおつちちょう》の佐々木格《いたる》氏だ。佐々木氏は、大槌町の山の中腹にある自宅の敷地の中に「森の図書館」をつくった。さらにその一角には、メディアで紹介され有名になった「風の電話」がある。これは病死したいとこの残された家族のために設置したものであったが、その後東日本大震災が発生したことにより、今では亡くなった方の遺族が亡き人と対話をする場所として提供されている。まちライブラリーを立ち上げた頃、佐々木氏を訪問し、マイクロ・ライブラリーサミットで「森の図書館」と「風の電話」に関する発表をお願いした。その折の発言は、個の強さを象徴するものであった。年間を通して多くの人が訪れる場所となった佐々木氏の活動に、大槌町の役場の人が「補助金を付けたい」と、必要書類をそろえてやって来た。その際に、補助金の使用用途に不自由さを感じた佐々木氏は、「今まで手弁当でやってきたし、これからも自らのやれることをやる」と補助金申請を辞退された。佐々木氏としては、不自由な形になるよりも、自らの素直な思いで活動することが大切だと考えられたのであろう。佐々木氏は、その後も小さな仏像を作ってくれる人と出会い、いくつも発注して「風の電話」を訪れる人にそれを差し出し、気持ちが落ち着くまで自宅の居間で話を聞いているという。この話を聞いて、個人の思いは組織の力をも越えるのだなと感じたことを思い出す。もし行政や企業で同じような「風の電話」を作って運営しようとしても、誰が悲嘆にくれた人の話を聞くのか、その人の人生に責任を持てるのかなどと、否定的な意見が組織内から出て、成立しないだろう。それに比べ、個人の思いと行動が素直に表現されたことで、リスクを考え行動しない組織より大きな一歩を踏み出していることを感じたのである。

静岡県焼津市では、空き店舗だらけになった商店街の店舗を改装し、本棚を1箱毎に貸し出すタイプのまちライブラリーを運営している若者が、多くの人に支えられて地域のスターになっている。前述した土肥潤也氏という28歳の若者である。彼は地元焼津生まれで、若者支援の活動を行っていた。そんななか、地元の商店街が空き店舗だらけになり寂しくなっていくのを何とかしようと1軒の店舗を安く借り受け、そこを「みんなの図書館さんかく」というまちライブラリーにしたのである。家賃や光熱費を捻出するために、1箱ずつの本箱を月額2千円で貸出し、コストを分担してもらいつつそれぞれの本棚を個性的な図書館にしたのである。このまちライブラリーに刺激を受けて、商店街に何軒もの新しい店舗が開店することになった。さらに、県内の信用金庫が、もともと支店であった建物に、同じような1箱本棚オーナー制度の図書館設置を土肥氏に依頼するまでになっている。そのほかにも各地でこのような本箱を貸し出す方式が広がりつつあり、全国的に注目されつつある。

さらに山口県宇部市では、子どもの居場所づくりに挑んでいる金子淳子氏という小児科医がいる。彼女は、クリニックで子どもを診ている中で、子どもの病気は単に病状を診ていても良くならない、患者がおかれている家庭環境を見なくてはならないと、自らその子どもたちを支援していく決意をしたそうだ。ネグレクトで親から面倒を見てもらえない、親から暴力を受けている、そんな子が少なからずいる。また、親もシングルマザーで貧困だったり、頼れる肉親もいなく途方に暮れている人が多いことに気づいていった。そこでお寺の本堂や会館を借り、子ども食堂を始めると、その運営を多くの人が支援し、１回に３００人も利用する子ども食堂をつくることができた。しかしながら、教育も受けていない子どもも多く、食事だけ提供していても、就職先も見つからない。これに対応するため、さらに自ら借入をして目抜き通りに土地を購入し、子どもの居場所「キッズラップ」を建設することになる。その中には、壁面を利用した大きな本棚があり、それを「まちライブラリー@キッズラップ『子ども第三の居場所』山口宇部拠点」にして、本にも触れたことがない子どもたちに本の楽しさを知ってもらおうとしている。彼女がここまで子どもたちとの関わりに力を入れる理由は、ご本人の生い立ちにあった。金子氏が大学の医学部に入学したとたん、ご家族が出奔してしまい、ひとりとり残され途方に暮れた時に、大学の先生や仲間が支援してくれ、それによって医学部を卒業できたのである。自らの人生と重ね合わせて、誰かの支援がなくてはどうにもならない人はいる、そういう人に手を差し伸べることができるならという信念が、このような活動につながっているのだ。今では閑散とした商店街を借り切って、数千人が参加する子ども祭りも実施し、地元自治体も頼りにしている。このようなことができたのは、金子氏の志に多くの市民や企業が共感し、支援の輪が広がったからだろう。

まちライブラリーをやっていると、こういったエピソードが決して稀にみられる事例ではないと感じることが多い。大阪府泉大津市では、自宅の前に置いた小さな本箱に本を並べる活動をしていた主婦が、地元の自治体に声を掛けられたことで行政が身近にあることを感じ、地域おこしも視野に入れて仲間を増やす運動を始めることになった。

ここに紹介した人はどなたも素晴らしく、突出した活動をやっている人たちに見えるが、けっして彼らが最初から大きな力を持ち合わせていたわけではない。また行政や企業の支援を受けていないが、結果として大きな力を発揮し、逆に行政や企業がその活動を頼りにしてきた例である。まちライブラリーの10年の軌跡が、まさにそのような活動だったともいえる。組織に依存しない、心の自由をもった個人活動が社会に影響を与えていくのである。「私なんて」「僕にはとても」という気持ちを持っている人でも、気持ちを切り替え、ほんの少し勇気を出して行動を起こしてほしいと思う。結果として地域や社会に影響を与えることもあり、少なくとも自らの生き方に自信を与えてくれると私は確信している。紹介した人はどこにでもいる普通の市民であり、特段の立場や組織を背景に持ってもいない。皆さんと変わらない、等身大の人として見てほしい。彼らは、信ずることのため目の前の課題を1つ1つ乗り越え、結果として「個」の力を出し切って素晴らしい活動にしているのである。これまで紹介してきた他のまちライブラリー運営者も同様で、組織に依存せず、自ら信じる方向に歩み出してみたことが、それぞれの個性と能力を引き出すきっかけなったといえよう。

## 組織の視点から「個」の活動をみる

行政や組織の人が、まちライブラリーを活用して場づくりをしようと、よく相談に来られる。お話を聞いてみると「多くの人が来て地域の交流の場にしたい」「親子づれに来てもらい、施設の売り上げにつなげたい」「地域や企業ブランドをあげたい」「本業へのプラスの結果を期待している」といったたぐいの発言をされる方が多い。しかし、これらの要望は、組織側の一方的な希望に過ぎないということに気づいてもらうために、いつもこのような話をする。「ご要望はわかりますが、それは恋人や結婚相手を探しているときに、三度のご飯を作ってほしい、容姿はこのような人がいい、自分のためになる素養がほしいというように、相手に自分の要求を突き付けて相手を選んでいるようなものではありませんか」。むしろ相手の話を聞いてあげたいとか、何かの役に立ちたいといった相手への思いが重要であることを理解してもらいたいからだ。もちろん完全な利他性だけで恋人や伴侶を見つけている人は少ないかもしれないが、逆にまったく自分都合で相手が見つかるものではないというのを、多くの人は理解している。組織が、個人の思いを受けとめた活動をするためには、このような視点の転換が必要になってくるのだ。地域や社会的な活動には、志だけではなく、人びとに支援や参画をしてもらうための、双方向的な姿勢が必要なのである。このような姿勢の欠如が私にもあったし、今でも注意しなければならないと、自戒の念をもって常に思い出すようにしている。私もかつて、組織の中で活動していた文化事業や教育事業で、そういった一方的な姿勢を強く出していたように思う。先端的な情報を提供し、素晴らしい講師陣を集め、都心の一等地で立派な施設を持てば、誰もが訪れたい場所になるだろうと考えていた。実際、多くの人が来てはくれたが、前述した「風の電話」の佐々木氏のようには多くの人からの支援は得られなかったように思う。自らの力を誇示し、価値観を押し付けるだけでは、人からの支持は得られないのである。個々の人が求めていることや気持ちを汲み取る姿勢が必要不可欠であることを、まちライブラリーという活動が教えてくれたのである。

## 汎用性より個別性の大事さ

まちライブラリーの10年を振り返ると、個々の人にとって「参画しやすい環境」というものがあることに気づかされる。それは、組織で活動していた時に考えていたものと真逆でもあった。組織の中で、とくに管理職などになると、仕事のやり方について、恣意的な方法や独善性を排除し、誰もがその仕事を引き継げるようにすべきだと教わる。独自のやり方をしていると、次の管理職がきたときに組織的な仕事の継続性が失われるからというのがその1つの理由であろう。個性豊かな方法だと、その人が異動した時には、仕事の質や量が大きく変化してしまうことを恐れてのことである。そのことはある程度、理解はできるが、果たしてそうだろうか？

芸術でいえば、汎用的な創作活動が多くの人を惹きつけるかというと、そうではない。個性豊かな創造性にあふれる作品に、人は惹きつけられる。事業の継続性を意識するあまり、人の創造性を軽視してしまうと、人々の創発力を下げてしまい、結果として事業の発展や新たな展開を失うこともありえる。また、私が、かつて新規事業としてＩＴ事業を企画した折にも抱いた違和感として、一定規模の大きさの組織では、企画する人とその事業を育てる人が別の人となりがちであることである。企画するということは、思いをもって考えを煮詰め、様々な試行錯誤の上で事業活動の立ち上げにこぎつける。しかし、それを他の人に受け継ぐ折に、受け取る人がその過程を経験していなければ思いは減じてしまうし、運用マニュアルに拘泥することにもなる。最初から最後まで一人でやりきることはできない事業は組織の中でもたくさんあるが、人の思いを継続しにくいということで形による汎用化を図ると、個々の人が活躍しにくくなる可能性が出てくるのである。活動の視点や発想は共有しても、個々の活動方針や展開の仕方をなるべく汎用化せず、その活動を担当している人に委ねて、個性を発揮しやすくすることは、これからの社会で重要な鍵になると思う。とくに人々の感性に訴え、人々の感覚を大切にするような活動では、汎用性より個別性を大事にすることが求められている。地域での活動などはまさにそのような視点が求められており、多様な展開をしているまちライブラリーは、その1つの解ともいえる。行政や企業がこれら地域や社会に溶け込むためには、そこにあった個別性を大事にするべきである。どこかでうまくいっているとか、こういう成功例があるといった発想だけに引きずられない、その場にいる人たち一人一人の個性が活かされるやり方を模索するべきである。

## 計画性より融通性がことをうまく進める

前述したように地域づくりや都市づくりのような、人々が生活を通して生み出してゆく環境は、計画に拘泥するのではなく、そこに関わる人が醸し出す場所の様子をありのまま受けるいれる融通性が大事になってくる。計画は計画と割り切り、その場におこっていることをありのままに受け入れる姿勢での取り組みが、結果としてうまくいきやすい。ジェイコブズが指摘したように「都市計画」という発想こそが、現状との乖離を内包しやすい。頭の中で考えた理想形が、必ずしも現実の世界で有用とは限らない。都市を生態学的に観察する姿勢が、まちづくりには大切であると彼女が指摘したように、我々の生活は、様々な要因で形成されている。また、人それぞれ、場所それぞれでその変容も起こる。このような状況を観察しながら、当初の計画を修正していく融通性こそが大事である。朝令暮改というのは、決して肯定的な含意があるものではないが、実社会の中の現実に合わせていくことこそうまくいきやすい。

まちライブラリーの活動を振り返ってみても、当初の、ビジネスモデル的な展開を構想していた時代から、まち塾という学びあいの場づくりを目指していた時代、大学のサテライトで参加型のイベントを中心に来訪者を期待した事例や、さらに商業施設で本を目的とした日常的な来訪を中心とする運営を基本とする事例など、その時、その場にふさわしいやり方に変容してきたといえる。意図してやったこともあれば、結果として気づかされたこともある。そのようにしながらまちライブラリーは、多様性を持ちながら、継続的な活動となり、社会性ももち始めたのだと思う。

## 非日常より日常を大事にする

第2章で紹介したまちライブラリー@もりのみやキューズモールでは、本が人を吸い寄せている。来訪者の75%の人が、イベントへの参加でもなく、カフェの利用でもなく、本の閲覧や貸し借りのために訪れていたのだ。

私を含め場づくりやまちづくりを目指す多くの人が、賑わいや来訪者増加のためのイベントに傾注し、その結果に一喜一憂してきたので、現実の数字を見たときには衝撃を受けた。もちろん、まちライブラリー@もりのみやキューズモールでもイベントはたくさんやっており、8年6ヶ月間での累積数は、約2200回、2万2千人を超える人が参加したことになるが、割合としては2%にしかならない。これだけの割合差を生んだ要因は、「日々の積み重ね」だろう。イベントの開催には、企画をし、日時を特定し、参加者を集めるという行動が必要であり、何もしないと始まらない。一方、本棚に本があれば特段の段取りをしなくとも、それを閲覧し、貸出、返却するという活動が日常的に行われる。

このような日常性を生み出す本や図書館の仕組みは、地域の居場所づくりに最適な方法であるといえる。とくに、来る人を限定しないのが一番の効用だ。特定の目的施設、例えば子育て支援施設やシニア対象のデイケアセンター、あるいは交流センターなどは、どうしても対象が限定的になりがちである。これに対してまちライブラリーは図書館という形式をとっており、なおかつイベントも可能なので、一人でも集団でも利用でき、またとりたてて目的がなくても利用できる場所である。そのため、幼児からシニア、また男女を問わずあらゆる人々がいても違和感がない。結果として日々の利用が生まれ、日常使いができる場所となってきたといえる。まちの生活は特定の日だけが充実していれば良いわけではない。日々の生活の中にあるちょっとした発見や憩いの重要性を考えると、日常性というものが何よりも大切であるということではないだろうか。ここに個々の人がまちライブラリーに惹きつけられていく大きな要因があると思う。

## 日々の積み重ねを大切にする人への敬意

そもそも個人や地域での生活と同様、「まちづくり」も日々起こることの繰り返しである。同じように思える日々を繰り返す中でこそ充実した活動になっていく。それが周囲に変化を生み出し、舞台となる地域に良い影響を及ぼしていく。単発のイベントを企画するのも良いが、それよりもずっと強い影響力を持つのが「日常性」なのだ。そうした毎日を積み重ねていく人の営みこそ、大切で尊いものだと感じている。

そこには、その場に日々携わり、場の空気を醸し出す人が必要である。何気ない日々の世話を焼いてくれる人々が、何よりも大切なのだ。本があれば人が来て、おのずとつながりが生まれてくる。ともすればそう勘違いしがちだが、そんなことはない。私たちはその場の雰囲気を、空間とそこにたたずむ人々とを併せて感じている。たとえおしゃれで居心地の良さそうな空間に素晴らしい本がたくさんあっても、それだけでは日常的な場にはならない。そこにいる誰かのちょっとした気遣いや声掛け、適度な距離感などを感じながら、その場に自分がいる心地よさを感じるのだ。結果としてそこに足繁く通う人もいれば、たまに顔を出してはその雰囲気に浸るという人もいる。これが生活における「場」というものである。

とくに、その場所に日々いる人（窓口にいてくれたり、来訪者の世話をやいてくれたりする人）の、置いてある本を見やすく飾るとか、メッセージボードにコメントを残すとか、丁寧に掃除をするといった目には見えにくいさまざまな配慮が人の心を動かすことが多い。旅館の女将さんが良い事例である。利用者をもてなすために活けた花や焚く香、行き届いた部屋や庭の手入れ、迎える際の笑顔や声掛け。このような雰囲気があいまってその旅館の居心地が決まってくる。もちろんまちライブラリーはサービスが仕事ではないので、旅館のようなおもてなしをする必要もないし、またやり方も一様でなくて良いのだが、そこのホスト役が必要であることに変わりはない。その人次第で居心地が良かったりそうでなかったりする。そのような違いがまちライブラリーに人が集いやすいかどうかを決めていくのではないだろうか。

ホストの役割はとても地味なものである。場づくりをしたいと言う人の話をよく聞くと、どちらかといえば継続的な活動に向かない人が多いように思う。本のイベントもマルシェもやりたい、子ども食堂にも若者の語る場にもしたいと興味やアイデアが次々と湧き、どんどんやっていこうとするタイプであり、日々その場にいて、来る人と軽い会話をし、人々が居やすい場所にしようという視点はあまり感じない。正直私自身もそうであり、まちライブラリーの継続的な活動には向かないタイプだと思っている。何かを始めるエネルギーの持ち主と継続的な活動をする人は、別の人かもしれない。そのようなことも個々の個性を見抜いてよく考えていくべきである。

## 本の触媒性が示唆する人のつながり

人と人とのつながりの中で集合知が生まれていく。コミュニティとはそのようなものである。とはいえ、人と話を始めるには何かしらのきっかけが必要だ。たとえば歩いている人にいきなり声をかけることはできないが、犬を連れていれば犬の話題から相手との距離を縮めることができる。第2章で述べた大阪のおばちゃんの飴効果と同じである。そうした意味で本というのはきわめて多様なジャンルがあるため、触媒に向いているといえる。

総務省の統計によると、日本で出版されている本は、年間7万冊程度ある。これだけの本があればどれか1冊くらいは興味をそそるものがありそうだ。もちろん、すべての人が本好きなわけではなく、どちらかといえば苦手だという人もいるだろう。しかし、そういった人であっても興味ややりたいこと、あるいはやらざるを得ない課題や目標を抱えているものである。そのような趣味や仕事を達成するために有用な本もあるだろう。そう考えると本は、あらゆる人にとって何らかの窓口になりうるのだ。専門書のような固い本だけが本ではなく、野球やサッカー、囲碁や将棋など趣味の本もあれば漫画もある。さまざまな本が出版されているのも、著者の考えを誰かに届けたいという思いの発露であり、本の形でその思いを誰かが受け止めることになる。このように本を触媒にするとお互いの心を少しだけ通わせ、開くきっかけができ、人とつながりやすくなる。

個々の人が一人で立ち上がるのは大事なことである。そしてさらに、その人が誰かとつながり、それにより心の支えが生まれ、自らの行動を肯定的に捉えやすくなることは、第4章でもふれた通りである。一人きりでやっているまちライブラリーより仲間とやっている方が、自己評価が高くなる傾向にあるということは、私たちは他者との協働の中で自らの価値を再確認しているということだろう。そのつながりの糸口として本は有用である。もちろん本以外でも人はつながれる。それは共通のスポーツであったり趣味であったりするだろう。人と人とがつながるということは社会において有用なばかりか、必然的な要素とも言える。その点について次に触れたい。

## 人と人との集合知は双方向性から生まれる

人はひとりで考えても物事はうまくいかないものである。人類学者のジョセフ・ヘンリック［Joseph Henrich：1968-］著『文化がヒトを進化させた』によると、人類とチンパンジーを比較したとき、ヒトは個体としてはそれほど優れた頭脳を持っているわけではないそうだ。例えば大学生とチンパンジーに物事の判断能力を競わせるテストを行うと、チンパンジーが勝つケースも多いという。考えてみればヒトの筋力はチンパンジーの数分の1しかなく、1個1個の個体はとても弱い。では、人間の方が優れている点はというと「集団脳」をもてることである。人から人へと伝播される知能を持っているのだ。

ヘンリックが、いくつか事例を挙げている。北極海を越えようと向かった探検隊が行方不明になり全滅したという話があるが、地元のエスキモーはそこで生活を営んでいる。訓練に長けた有名な探検隊でも全滅するのに、何が違うのだろうか。エスキモーたちには、その地で餌を採り、暖をとる方法が生活文化の中で受け継がれている。それこそが、「集団脳」の力である。まさに文化がヒトを進化させたと言える。

また、こんな事例もある。とある集落が別の土地に移住した際、女性が一人取り残された。十数年経ち、当然生き残ってはいないものと考えていたら、元気に生活していたという例だ。彼女は火を熾こし、餌を採る方法を集団の中で身につけていた。彼女を助けたのは彼女一人の力ではなく、もともとあった集団の文化性であった。

以上の例をとってみても、人間にとって集団の中で蓄積されていく知恵「集合知」はきわめて大切であることがわかる。まちライブラリーがマイクロ・ライブラリーサミットやブックフェスタなどを通してさまざまな地域とつながろうとする理由が、そこにある。集合知というものは、その集団が小さければ小さいほど成長しにくく、大きければ大きいほど積み重なり、多種多様なアイデアが出てくる。また、コミュニティは自分以外の他者があって成立するものである。自分の一方的な思いで完結するのではなく、相手の思いを受け取り、双方がシンパサイズすることで育っていくのだ。

## 個人の知を開放する勇気

ビッグデータ研究の第一人者であるアレックス・ペントランド［Alex Pentland：1951-］は、『ソーシャル物理学』という本の中で興味深いエピソードを紹介している。株や債券などをトレードするサイトの中に、ポートフォリオの開示を推奨しているところがある。そのポートフォリオを真似する人が多ければ多いほどインセンティブが発生する仕組みになっている。公開したグループのパフォーマンスはどんどん上がり、公開していない人の平均利益率より3割ほど高くなるという。ところがそこで欲をかき、利益を独占しようとクロージングファンドにしてしまうと、残念なことに利益率が下がるというのだ。人間の知というものは、公開されればされるほど集合知が得られ、クローズにした瞬間に崩れていく。

またこんな話もある。創業したばかりの会社が「こんなものを作りたい」と試行錯誤するがなかなかうまく行かず、壁にぶつかってしまう。そこで周囲の人からアイデアやブレイクスルーのきっかけを得ることによって開発が進み、売上が伸びていったとする。しかしそのノウハウを公開せずに独占し、社内のみで研究開発し始めると、創業当時のように再び伸び悩むようになる。集合知はオープンソースにすることによりとてつもなく大きな力になる。まちづくりも同じで、1人から始めた活動が2人、3人、10人と広がっていく。だが、その地域の中だけで考えていこうとするとしだいに知は閉じていき、結局ひとりで奮闘しているときとほとんど変わらなくなってしまう。ゆえにまちライブラリーは常にオープンソースにしていきたいと考えている。

## 社会の寛容性と個人の意識変革

私はまちライブラリーという活動を通して、個の活動を活かしやすい社会をつくるヒントを得るために、十数年をかけてきた。最後に、この間に得られた「個」を活かす忘れてはならない鍵の1つに、社会の寛容性があることを記しておきたい。全国各地を歩いていると、地域ごとに雰囲気が微妙に違っていることに気づく。さまざまな組織の方と話をしても、その組織が持つ文化が違う。担当者が生き生きとしているところもあれば、組織内のコンセンサス作りに汲々としている人もいる。同じ日本という社会でも属する地域や組織は多様で、その違いは個々の人の行動基準に大きな影響を与えている。それゆえに地域や組織の風土に多様な人を許容する雰囲気があると、個人の発想が生まれやすくなるだろう。しかし、それを個人の力で変えるのは簡単なことではない。まずは個々人が、自らの意識を変革することが大切だ。地域、組織に帰属意識を持つことは悪いことではないが、そこに依存しすぎない意識を持つことをお勧めしたい。我々は、ともすればみんなのため、組織に迷惑をかけたくない、私だけが主張するのはいかがなものか、と全体の中で「個」が目立たないようにし、その一部として適正に動こうとする。これはけっして悪いことではない。しかし、個人にこのように考えさせる社会は、ともすれば全体の輪を乱すとして、異質な発言や行動をする人を排除しがちである。結果として、個々の力より全体の力が大事であると考えるようになり、その属する組織や社会が個人の上位にある構造になりがちである。組織や社会は、個々の人がより良く生きるために必要なものとして生まれたはずなのに、その組織や社会が、個々の人が自分らしく、より良く生きようとする力を抑制してしまいがちなのである。このような枠組みから脱するためには、ふるまう我々自身の意識を変えるしかない。個々の人が最善の道とは何かを求め、そのための方策として何ができるかを考えられる社会的な寛容性が必要である。日本社会では難しいと思われるかもしれないが、このような力は、特別なジャンルや人に備わるのではなく、誰もが持ち得るものであるということを申し上げたい。お互いにこのような力があることを信じ、お互いを縛るのではなく、開放しつづけること、寛容性が大事なのである。

この本で申し上げたいのは、個々の人生はそれぞれの人のものであって、他者、ましてや組織や地域に縛られすぎないことが大切であり、その意識の変革が個人の中に生まれることで、結果として地域や組織の風土も変わり得るということである。どうぞ、無理なく自らの生きやすい人生を歩んでいただきたい、そのことを私からの最後のメッセージにして、終わりたいと思う。

どこかでこの本を手にし、読んでいただき、いつかお会いしたときに新たな夢や希望をお聞かせくだされば、この上もない喜びである。楽しい人生を！

# おわりに

「個人主義と利己主義は違うんだ！」、50年前、中学校の担任から言われた言葉をいまだに覚えている。小柄で、細い体、顎のとがった顔でいかにも神経質そうな数学教師だった。そんな恩師に割とかわいがられ、私も親近感を持っていた。卒業後に会ったのは2度ほどであったが、いまでも記憶に残る恩師である。さぞ変わり者の教師で生きづらい面も多々あっただろうが、冒頭の言葉だけはいまも私のテーマになっている。

本書は、筆者自身が始めた「まちライブラリー」の実践活動を通した考察だ。活動が全国に広がりゆくなかで、まちライブラリーを運営するそれぞれの人が何を感じ、どのような動機でまちライブラリーに関わってきたのかを論じた。本書の内容は博士論文をベースにしているが、個々の実践者や研究者に役立つ情報もあると考えて、体験したことを客観的に記録している。副題にある「個」と「社会的資本づくり」は、本書を通じて考えたいテーマだ。個の自己愛的な行動や役割が他者の助けにもなり、結果として社会性を持つようになるという気づきであり、個の人が生きやすくなるための方便ともいえる。利己的ともいえる動機づけ、否、むしろ利己的な動機だからこそ継続的な活動につながり、結果として社会的な基盤をつくっていくという視点である。冒頭の「個人主義と利己主義」の違いに答えるものではないが、人間社会の複雑さを改めて思う。

本書全体について振り返っておきたい。本文で記したように、私はサラリーマンとして人生の大半を過ごしてきた。第1章では、私自身が組織で働き出した時代の感覚を背景に、生きづらさを感じてきたなかでまちライブラリーが誕生するまでをしるした。体験的な話であるが、問題をマクロ的な視点で考えるより、自分自身や目の前にいる一人一人に向き合い、ミクロから問題を考え、解決する大切さを知ってもらいたかった。第2章から第5章は、まちライブラリーの実態を調査し論じている。第2章では、節目となったまちライブラリーを時代の変遷のなかで捉え、その時々の対応が結果として活動の大切な鍵を生み出していることを伝えようとした。筆者自身、どのような活動も一直線で形成されるのではなく、紆余曲折の中で形成されることを再確認した。第3章では、まちライブラリーの広がりがどのようなものかをデータと具体的な事例をもとに説明した。第4章では、俯瞰的にまちライブラリーを見ることを目的にデータを中心に紹介した。第5章では、まちライブラリーを運営している人や利用している人々の内面を知ってもらうため、インタビューの内容をもとに要点をまとめた。データで見たまちライブラリーを、質的調査の観点により、別の側面から理解できるように努めた。第6章では、まちライブラリーがどういう場になっているのかを考察した。実体験から感じた、場づくりをするうえで大事だと思える点を整理した。第7章では、人間を考察した哲人の言葉を取りあげ、私なりの解釈ではあるが、個と組織とが対峙しがちな課題をあげた。最後の第8章では、これまでの体験と研究から、個が楽に生きていくための提案をおこなっている。

まちライブラリーを通した私自身の体験にもとづく研究であるが、多少とも参考にしていただければ幸いである。読者の中から関連する活動や研究に取り組む方が出てくることを楽しみにしたい。さらに時を経て、1人でも多く共感してくれる人がいれば望外の喜びである。

最後にこの本ができたのは多くの方のお陰である。まちライブラリーを始め、推進する原動力になっていただいている運営者、利用者、ボランティア、スタッフの方々に感謝したい。特にまち塾@まちライブラリー以来活動を支えてくださった友廣裕一氏、友成真一氏、里形玲子氏のサポートがなければまちライブラリーは誕生しなかった。また、博士論文をまとめるきっかけを作ってくださった大阪府立大学元理事長・学長である奥野武俊氏、同大学院で博士論文を指導していただいた橋爪紳也教授に改めて感謝申し上げたい。そして研究に関するインタビューなどのデータを整理し、本書の刊行の機会を与えてくれた安木由美子氏、本稿をまとめるにあたってアドバイスをくれた宝水幸代氏、山本淳子氏に心より感謝の意を伝えたい。また、みすず書房編集部の小川純子氏は、2年以上にわたって執筆へのアドバイスや細やかな校正をしてくださり、挫折しがちの私を励ましながら支えていただいた。最後に、苦しい時期から心身ともに支えてくれた母、兄弟、妻、娘に感謝したい。

このあとがきは、茅野市蓼科山の山荘で書き上げた。この地は、みすず書房の創業者、小尾俊人氏の出身地ということでご縁を感じている。四季折々の自然を感じながら、これからも勇気をもって行動しようとする人に伴走できる人生に意義を感じ、本書を通じて人とつながる日を希求して筆をおきたい。

2023年11月　まちライブラリー蓼科山荘にて

礒井純充

# 注

## はじめに

（1）六本木ヒルズ　2003年に東京都港区に完成した日本最大規模の複合型再開発事業（施行面積11・6ha、延床面積72万㎡）。森ビルが主導した第一種市街地再開発事業で超高層オフィス（六本木ヒルズ森タワー）、超高層マンション、テレビ朝日放送センター、ホテル（グランドハイアット東京）、商業施設等で構成されている。

（2）六本木アカデミーヒルズ　六本木ヒルズ森タワー49階に位置するカンファレンス、会員制図書館、教育活動等のスペースを内包した文化施設。森ビル株式会社が運営。2024年6月閉館。

（3）連担　都市計画では街区をまたいで建物がつらなる様子を言う。本書において筆者は、その様を人間活動にまで広げ、人と人との社会活動によるつながりという意味で用いている。33頁を参照。

## 第1章

（1）IBMの汎用大型コンピュータは、世界中の金融機関や大企業で使用されており、このコンピュータと汎用性があることが、販路を確保するうえで重要であった。1982年には、日立製作所と三菱電機の社員がIBMの機密情報を盗んだとしてFBIに逮捕される事件が発生した。

（2）パーソナルコンピュータの時代は、1975年に米国で誕生した組立式キット方式から始まり、1977年にアップル社が「アップルⅡ」を発表した時代からと言われるが、1980年代に入り、日本でもNECが「PC9800シリーズ」を発表し、アップルが、「Macintosh」を販売した1980年代半ばから本格化した。
(3) 2007年にアップル社が「アイフォン」を、2008年にアンドロイド端末が発表された。
(4) GAFA Google, Apple, Facebook, Amazon の頭文字をとったグローバルIT企業の総称。
(5)「雇用の分野における男女の均等な機会及び待遇の確保等に関する法律」は、1972年に制定されたが、女子に対するあらゆる形態の差別の撤廃に関する条約が批准され、1985年に「雇用の分野における男女の均等な機会及び待遇の確保等女子労働者の福祉の増進に関する法律」に改正されたのにともなって慣習として総合職採用は男性、一般職採用は女性という枠組が撤廃された。
(6) アークヒルズは、東京都港区赤坂一丁目、六本木一丁目地区に1986年に完成した複合型再開発事業。森ビルが1962年に地区内の一部土地を購入し、その後、1964年の都市計画法改正を踏まえて事業に着手してから17年の歳月をかけて、地元地権者とともに「市街地再開発組合」を結成し、第一種市街地再開発事業として施行したものである。当時としては、画期的な複合型再開発事業で超高層オフィス(アーク森ビル)、超高層ホテル、超高層住宅、サントリーホールやテレビ朝日アーク放送センターを擁する。施行面積5・6ha、延べ床面積36万㎡あり、大規模な都心再開発事業のモデルと言われた。ちなみに「アークヒルズ」の「アーク(ARK)」は、「Akasaka Roppongi Knot(結び目)」の頭文字からとられた。
(7) マーガレット・サッチャー政権 1979—1990年
(8) ロナルド・レーガン政権 1981—1989年
(9) 中曽根康弘政権 1982—1987年
(10)「英国病」 1960年代より実施されていた充実した社会保障政策や基幹産業の国有化により国民の勤労意欲の低下やストライキの多発などを招き、国民経済が沈滞した状態。
(11)「レーガノミックス」 レーガン大統領がとった経済政策で、規制の撤廃・緩和による自由競争の促進、軍備支出の増大、減税政策などをいう。

(12) グラス・スティーガル法　１９３３年に制定された米国の金融制度法（連邦法）。大恐慌の経緯を踏まえ、金融システムの崩壊を未然に防ぐために商業銀行と証券会社の分離や銀行による証券売買の自己取引が禁止されていた。

(13) ＰＦＩ　Private Finance Initiative（プライベート・ファイナンス・イニシアティブ）の頭文字をとって呼ばれている民間の資金と経営能力や技術力を活用した公共施設等の設計・建設・改修・更新や維持管理・運営などを行う手法。地方公共団体が発注者となり、民間企業を募集する形で事業が進められる。（内閣府ホームページより）

(14) 指定管理者制度　小泉内閣の「民にできることは民で」という流れで２００３年に地方自治法（２４４条の２）が改正され、従来、公共団体や第三セクターに限定されていた事業が、民間事業者が運営に携わることが可能となった。

(15) コンセッション方式　公共施設等運営権制度とも言われ、国や自治体が土地・建物などの所有権を保有したまま運営権を一定期間民間企業に売却する方式。

(16)「アーク都市塾」は、森ビルの創業者、森泰吉郎氏により設置された社会人教育のための私塾である。森氏は、54歳まで横浜市立大学商学部長を務め、森ビルを設立したが、機能一辺倒ではなく、先端技術と感性を大切にする新しい時代に対応できる人材育成をする必要があるということで１９８７年に「実験的アーク塾」を設置し、翌88年に「アーク都市塾」を設立する。都市計画、ハイテク、ファッション、マルチメディア、まちづくりの哲学、建築などさまざまな分野にわたる専門家が、東京大学や早稲田大学、文化服装学院などから参集し、専門を越え、横断的で実践的な教育方針のもと社会人を対象に半年制の私塾を運営した。

(17)「ＡＲＫ（アーク）アカデミーヒルズ」は、アークヒルズ内にあるアーク森ビルの36階に１９９６年に設置された教育と産学連携を目的とした場所と活動の総称。森ビルが主催する社会人教育機関「アーク都市塾」や慶應義塾大学、大正大学、早稲田大学、東京大学先端科学研究センターなどが教育、研究会等で利用した。「六本木アカデミーヒルズ」が完成した翌年、２００４年に閉鎖されている。

（18）「工業（場）等制限法」　正式には、「首都圏の既成市街地における工業等の制限に関する法律」（1959年制定）と、「近畿圏の既成都市区域における工場等の制限に関する法律」（1964年制定）の2つを意味している。高度成長期に首都圏、近畿圏に人口集中が起こったのは、工場や大学が集約したためであるとの見方から同法が成立し、これら集中を抑制するために制定された。これらの法律は、2002年7月に廃止された。

（19）I-site（アイサイト）なんば　公立大学法人大阪府立大学（当時、現在は公立大学法人大阪）が2013年に大阪市浪速区の南海電鉄本社ビルの2階、3階を賃貸して設置した、大学のサテライト。会議室や大学院施設と共にまちライブラリーが3階に設置された。3階1000㎡の約半分を占めていた。2023年3月末でまちライブラリー@大阪公立大学は閉館し、別の用途に転用される。

## 第2章

（1）もりのみやキューズモールBASE　東急不動産株式会社が、関西地区に展開している商業施設。もりのみやキューズモールBASEは、日生球場（日本生命が所有し、かつてパ・リーグのプロ野球球団であった近鉄バファローズが本拠地としていた）跡地に2015年に誕生した。約50店舗の商業施設で、アウトドアーモール型の形状で、屋上に約300mのランニングトラックやフットサルコートなどが併設されているのが特徴。商業施設としては、小規模で近隣商圏をターゲットにしたネイバーフッド型商業モールに分類される。

（2）立命館大学　2015年4月、立命館大学大阪いばらきキャンパスに設置されたまちライブラリー@OIC（大阪いばらきキャンパス）を意味する。立命館大学が、大阪府茨木市に大型キャンパスを設置する際に、茨木市と協定を結び、地域・社会連携を旨とする約束をし、大学図書館やホール、飲食店舗等と併せてまちライブラリーを設置し、市民の利用を促した。まちライブラリー@OICの規模は、80㎡ほどで、公共公園に隣接している。

（3）非営利型一般社団法人　2006年成立の「一般社団法人及び一般財団法人に関する法律」に基づいて設立される団体。株式会社とは違い、株主に利益を分配等ができない非営利型組織である。

（4）島之内図書館来館者　大阪市立図書館のホームページを参照。令和4年度（２０２２年）では、島之内図書館は11万5千人になる。

## 第3章

（1）「出版科学研究所」　東京出版販売株式会社（現、株式会社トーハン）が設立した、出版業界の諸問題を科学的に調査研究する団体。今回、使用したデータは、同社のホームページ（https://shuppankagaku.com/）を参照にしたが、元データは、書店調査会社「アルメディア」のデータに基づき、作成されている。https://shuppankagaku.com/knowledge/bookstores/

（2）書店面積　このデータも前述の注（1）に準拠している。

（3）文部科学省は、識字率調査をしておらず、ユネスコへの報告は、15歳の就学率（義務教育のため）が１００％であり、識字率を１００％としている。文部科学省の各種調査は、以下のホームページを参照したが、識字率調査はされていない。https://www.mext.go.jp/b_menu/toukei/main_b8.htm

（4）サービス付き高齢者向け住宅は、高齢者住まい法の基準で作られている住宅で、介護・医療と連携した住宅である。従来の老人ホームと違うのは、基本的には住宅として高齢者が入居するもので、介護・医療は入居者が選択して受けることを前提にしている。

## 第4章

（1）運営者アンケート実施概要　対象者：まちライブラリー運営者６５５件（閉鎖されたものを含む）（２０１１年4月―２０１９年3月末に登録された全件６８０件から著者が関与・運営している25件を除く）

実施日：２０１９年7月10日から7月24日（2週間）

方式：メールでの案内によるＷＥＢ回答方式

回答数：106件（有効回答率　16・2％）

（2）にぎわい広場　沖縄県那覇市松尾2丁目にあった市民広場。現在はリニューアルした第一牧志公設市場が設置されている。

（3）アンケート実施概要　　実施日：2019年7月10日から2週間

対象者：㈠まちライブラリー会員（98頁表記載の13館）

　1番から12番までの会員のうちメール保有者9341名に送信

　送信到達7074通（2019年7月末までに登録された会員）

　13番は145名配信

㈡各地まちライブラリー利用者

　メール不保持者の会員（期間中に現地に来訪した利用者）

回答数：合計1642件（対象者㈠と㈡の合計）

　会員回答は一部、現地配布による回答もあるため明確な内訳は不明

第5章

（1）新自由主義　市場主義を重視する経済思想。福祉・公共サービスを縮小し、代わりに大幅な規制緩和を行って民間の自由競争を促す。

第6章

（1）マイクロ・ライブラリーサミットは、2013年より筆者が呼び掛け開催している小さな図書館大会である。同年より2023年まで11回開催され、各地から集まった143のマイクロ・ライブラリー等が活動の様子を発表した。その一部は、『マイクロ・ライブラリー図鑑』（2014）、『本で人をつなぐ　まちライブラリーのつくりか

た』（2015）、『マイクロ・ライブラリー――人とまちをつなぐ小さな図書館』（2015）、『コミュニティとマイクロ・ライブラリー』（2016）、『ブックフェスタ　本の磁力で地域を変える』（2021）で紹介している。まちライブラリー@大阪公立大学がある I-site なんばで開催されているが、第4回は、横浜市で開催。第11回は、まちライブラリー@MUFG PARK（東京）、まちライブラリー@ちとせ（北海道）、まちライブラリー@OIC（大阪）の3拠点をネットワークでつなぎ、実施された。

**第7章**

（1）フィデュシアリー（fiduciary）　法律用語で「他者に属する資産を管理する立場にある受託者、被信託者」のこと。
（2）インキュベーション（incubation）　起業や新しい事業の創出をサポートするサービスや活動。

# 参考文献

## 日本語


天野正子（2000）「子どもの原風景と地域空間」藤竹暁編『現代のエスプリ別冊　生活文化シリーズ③　現代人の居場所』至文堂、83―94頁
阿比留久美（2012）「『居場所』の批判的検討」田中治彦・萩原建次郎編著『若者の居場所と参加　ユースワークが築く新たな社会』東洋館出版社、35―51頁
アレグザンダー、C（Alexander, Christopher）（1984）『パタン・ランゲージ――環境設計の手引き』平田翰那訳、鹿島出版会（原著1977）
――（1989）『まちづくりの新しい理論』難波和彦監訳、鹿島出版会（原著1987）
アンニョリ、A（Agnoli, Antonella）（2011）『知の広場――図書館と自由』萱野有美訳、みすず書房（原著2009）
猪谷千香（2014）『つながる図書館――コミュニティの核をめざす試み』ちくま新書
石井桃子（1965）『子どもの図書館』岩波新書
石原浩二編（2013）『当事者研究の研究』医学書院

礒井純充（２０１４ａ）「新時代におけるマイクロ・ライブラリー考察」、『カレントアウェネス』３１９、２—６頁
——（２０１４ｂ）『マイクロ・ライブラリー図鑑』まちライブラリー文庫
——（２０１５ａ）『本で人をつなぐ　まちライブラリーのつくりかた』学芸出版社
——（２０２０ａ）「サービス付き高齢者向け住宅における〝人の絆〟——ＮＴＴ都市開発〝つなぐＴＯＷＮプロジェクト〟における施設図書館からの考察」、『経済社会学年報』42、97—109頁
——（２０２０ｂ）「〝まちライブラリー〟を活用した地域の場づくりに関する研究：「個」の活動が活かされる社会への道程」（大阪府立大学博士学位論文）
礒井純充・中川和彦・服部滋樹・トッド・ボル他（２０１５ｂ）『マイクロ・ライブラリー　人とまちをつなぐ小さな図書館』学芸出版社
礒井純充他著、一般社団法人まちライブラリー、マイクロ・ライブラリーサミット実行委員会２０１５編（２０１６）『コミュニティとマイクロ・ライブラリー』一般社団法人まちライブラリー
礒井純充・橋爪紳也・岸政彦他（２０２１）『ブックフェスタ　本の磁力で地域を変える』一般社団法人まちライブラリー
伊東千晶、井上朝雄（２０１５・３）、「マイクロ・ライブラリーによる地域活性化に関する研究」、『人間・環境学会第22回大会発表論文要旨ＭＥＲＡ』35、30—31頁
稲葉陽二（２００７）『ソーシャル・キャピタル——「信頼の絆」で解く現代経済・社会の諸課題』生産性出版
——（２０１１）『ソーシャル・キャピタル入門』中公新書
稲葉陽二・大守隆・金光淳・近藤克則・辻中豊・露口健司・山内直人・吉野諒三（２０１４）『ソーシャル・キャピタル「きずな」の科学とは何か』ミネルヴァ書房
ウェルマン、Ｂ（Barry Wellman）（２００６）「コミュニティ問題——イースト・ヨーク住民の親密なネットワーク」、『リーディングス　ネットワーク論——家族・コミュニティ・社会関係資本』野沢慎司・立山徳子訳、勁草書房

（原著１９７９）
宇沢弘文（１９９４）『宇沢弘文著作集Ⅰ　社会的共通資本と社会的費用』岩波書店
――（２０００）『社会的共通資本』岩波新書
――（２０１５ａ）『宇沢弘文の経済学――社会的共通資本の論理』日本経済新聞出版社
――（２０１５ｂ）『岩波人文書セレクション　ヴェブレン』岩波書店
――（２０１６）『宇沢弘文傑作論文全ファイル』東洋経済新報社
宇沢弘文・茂木愛一郎編（１９９４）『社会的共通資本――コモンズと都市』東京大学出版会
エリアス、Ｎ（Norbert Elias）著／シュレーター、Ｍ編（２０００）『諸個人の社会――文明化と関係構造』宇京早苗訳、法政大学出版局（原著１９９１）
小田博志（２０１０）『エスノグラフィー入門――〈現場〉を質的研究する』春秋社
オルデンバーグ、Ｒ（Oldenburg, Ray）（２０１３）『サードプレイス――コミュニティの核になる「とびきり居心地よい場所」』忠平美幸訳、みすず書房（原著１９８９）
片岡亜紀子・石山恒貴（２０１７）「地域コミュニティにおけるサードプレイスの役割と効果」、『地域イノベーション』９、73―86頁
川崎良孝（２０１６）「ウェイン・Ａ．ウィーガンドと文化調整論――図書館史研究の第４世代」、『図書館界』63、２００―２１４頁
ギブソン、Ｊ・Ｊ（Gibson, James Jerome）（１９８５）『生態学的視覚論――ヒトの知覚世界を探る』古崎敬他訳、サイエンス社（原著１９７９年）
紀平英作（２０１７）『ニュースクール――二〇世紀アメリカのしなやかな反骨者たち』岩波書店
久野和子（２０１０）「〈研究ノート〉『第三の場』としての図書館」、『京都大学生涯教育学・図書館情報学研究』９、１０９―１２１頁

玄光社MOOK（2012）『Tokyo図書館紀行』玄光社
国土交通省（2003）「参加型まちづくりに関する現状と課題」国土交通省
コトラー、F（Kotler, Philip）／ロベルト、E・L（Roberto, E. L.）（1995）『ソーシャル・マーケティング――行動変革のための戦略』井関利明監訳、ダイヤモンド社（原著1989）
小林重人・山田広明（2014）「マイプレイス志向と交流志向が共存するサードプレイス形成モデルの研究：石川県能美市の非常設型『ひょっこりカフェ』を事例として」、『地域活性研究』5、3―12頁
小林重人・山田広明（2015）「サードプレイスにおける経験がもたらす地域愛着」、『地域活性研究』6、1―10頁
小林重敬編著（2015）『最新エリアマネジメント――街を運営する民間組織と活動財源』学芸出版社
小林重敬・森記念財団編著（2018）『まちの価値を高めるエリアマネジメント』学芸出版社
小松尚（2010）「居場所が変える都市と建築」、日本建築学会編『まちの居場所――まちの居場所をみつける／つくる』東洋書店、174―179頁
――（2019）「『まちの居場所』としての公共図書館」、日本建築学会編『まちの居場所――ささえる／まもる／そだてる／つなぐ』鹿島出版会、116―128頁
齋藤純一（2000）『思考のフロンティア　公共性』岩波書店
佐伯胖（1995）『「学ぶ」ということの意味』岩波書店
砂生絵里奈編著（2022）『まちライブラリーのたまてばこ』郵研社
坂和章平（2017）『まちづくりの法律がわかる本』学芸出版社
佐々木正人（2008）『アフォーダンス入門――知性はどこに生まれるか』講談社学術文庫。
ジェイコブズ、J（Jacobs, Jane）（2010）『［新版］アメリカ大都市の死と生』山形浩生訳、鹿島出版会（原著1961）

ジェイコブズ、J（Jacobs, Jane）・ジップ、J（Zipp, Samuel）・シュテリング、N（Storring, Nathan）編（2018）『ジェイン・ジェイコブズ都市論集』宮﨑洋司訳、鹿島出版会（原著2016）
汐﨑順子（2007）『児童サービスの歴史』創元社
清水博（2003）『新装版　場の思想』東京大学出版会
鈴木毅（2019）「当事者による場づくりの時代」、日本建築学会編『まちの居場所――ささえる／まもる／そだてる／つなぐ』鹿島出版会、35―42頁
スミス、A（Smith, Adam）（2013）『道徳感情論』高哲男訳、講談社学術文庫
――（2020）『国富論』（上・下）高哲男訳、講談社学術文庫
住田正樹（2003）「子どもたちの『居場所』と対人的世界の現在」、住田正樹・南博文編『子どもたちの「居場所」と対人的世界の現在』九州大学出版会
園田聡（2019）『プレイスメイキング――アクティビティ・ファーストの都市デザイン』学芸出版社
橘弘志（2010）「居場所にみる新たな公共性」日本建築学会編『まちの居場所――まちの居場所をみつける／つくる』東洋書店、180―206頁
田中瑞季・梅崎修（2013）「地域コミュニティにおけるソーシャルキャピタル――神楽坂地域の喫茶店を事例にして――」『地域イノベーション』5、9―20頁
堂目卓生（2008）『アダム・スミス　「道徳感情論」と「国富論」の世界』中公新書
内閣府（2015）「国土形成計画の推進に関する世論調査」内閣府
――（2019）「社会意識に関する世論調査」内閣府
中島直人・村山顕人・髙見淳史・樋野公宏・寺田徹・廣井悠・瀬田史彦（2018）『都市計画学――変化に対応するプランニング』学芸出版社
永田治樹（2014）「公共図書館とコミュニティ：知識・情報伝達と人びとをつなぐ」『情報の科学と技術』64

（10）、10、388―394頁
バウマン、Z（Bauman, Zygmunt）澤田眞治・中井愛子訳（2010）『グローバリーゼーション　人間への影響』法政大学出版局（原著1998）
萩原建次郎（2012）「近代問題としての居場所」田中治彦・萩原建次郎編著『若者の居場所と参加』東洋館出版社、18―34頁
橋爪紳也（2015）『ツーリズムの都市デザイン――非日常と日常の仕掛け』鹿島出版会
パットナム、R・D（Putnam, Robert David）（2006）『孤独なボウリング――米国コミュニティの崩壊と再生』柴内康文訳、柏書房（原著2000）
ハーバマス、J（Habermas, Jürgen）（1973）『公共性の構造転換』細谷貞夫・山田正行訳、未來社（原著1962）
ハワード、E（Howard, Ebenezer）（2016）『明日の田園都市』山形浩生訳、鹿島出版社（原著1902）
久田邦明（2008）「地域活動としての居場所づくり」、『神奈川大学心理・教育研究論集』27：65―76頁
フロリダ、R（Florida, Richard L.）（2008）『クリエイティブ資本論――新たな経済階級の台頭』井口典夫訳、ダイヤモンド社（原著2002）
ベネヴォロ、L（Benevolo, Leonardo）（1976）『近代都市計画の起源』横山正訳、SD選書・鹿島出版会（原著1963）
ペントランド、A（Pentland, Alex）（2018）『ソーシャル物理学』小林啓倫訳、草思社
ヘンリック、J（Henrich, Joseph）（2019）『文化がヒトを進化させた』今西康子訳、白揚社
前川恒雄・石井敦（2006）『新版　図書館の発見』日本放送出版協会
三森弘（2017）「民間図書館の開設経緯からみたソーシャル・キャピタルの形成とその要因」、『日本建築学会計画系論文集』82（732）、393―402頁

三友奈々（2015）「プレイスメイキングの定義・原則と場の評価項目に関する考察――プロジェクト・フォー・パブリックスペースによる原則と指針を通して」、『日本デザイン学会　研究発表大会概要集』62、33頁

南出吉祥（2015）「『居場所づくり』実践の多様な展開とその特質」『社会文化研究』17、69―90頁

ミルグラム、S（Stanley, Milgram）（2006）「小さな世界問題」野沢慎司・大岡栄美訳、『リーディングス　ネットワーク論――家族・コミュニティ・社会関係資本』野沢慎司編・監訳、勁草書房、97―117頁）（原著1967）"The Small-world Problem," Psychology Today, 1, pp. 60–67.

宮崎洋司・玉川英則（2011）『都市の本質とゆくえ――J・ジェイコブズと考える』鹿島出版会

本柳亨（2015）「ファストフード店の利用者に関する考察――サードプレイスを目的とした利用者の分析を中心に――」、『学習院女子大学紀要』17、163―176頁。

ランドリー、C（Landry, Charles）（2003）『創造的都市』後藤和子訳、日本評論社（原著2000）

リンチ、K（Lynch, Kevin）（2007）『都市のイメージ　新装版』丹下健三・富田玲子訳、岩波書店（原著1960）

ル・コルビュジエ（Le Corbusier）（1968）『輝く都市』坂倉準三訳、鹿島出版会（原著1947）

レヴィン、K（Lewin, Kurt）（2017）『社会科学における場の理論』猪股佐登留訳、ちとせプレス（原著1951）

柳与志夫（2015）『文化情報資源と図書館経営』勁草書房

山田広明・小林重人（2016）「個人志向と社会志向が共存するサードプレイスの形成メカニズムの研究」、『情報処理学会論文誌』57（3）、897―909頁

吉村輝彦（2018）『公共的空間の日常に根ざした利活用による地域づくりの推進――東海市太田川駅前広場における『まちなかピクニック』の実験的な取り組みから」、『日本福祉大学経済論集』57、23―58頁

ワッツ、D・J（Watts, Duncan J.）（2012）『偶然の科学』青木創訳、早川書房（原著2011）

英語

Adams, T. E., Jones, S. H., and Ellis, C. (2015) *Autoethnography*, Oxford University Press.
Aldrich, M. (2015) *The Little Free Library Book*, Coffee House Press.
Putnam, R. D. and Feldstein, L, (2003) *Better Together: Restoring the American Community*, Simon & Schuster.
Sassen, S. (1991) *The Global City: New York, London, Tokyo*, Princeton University Press.

## 著者略歴

（いそい・よしみつ）

1958年大阪市生まれ．一般社団法人まちライブラリー代表理事．大阪府立大学大学院経済学研究科博士後期課程修了．経済学博士．1981年，森ビル株式会社に入社し「アーク都市塾」「六本木アカデミーヒルズ」などの文化・教育事業に従事．取締役広報室長などを歴任．2011年に「まち塾@まちライブラリー」を開始．以降，「まちライブラリー」の提唱者として活動の運営・サポートを行う．著書に，『マイクロ・ライブラリー図鑑』（まちライブラリー，2014）『本で人をつなぐ　まちライブラリーのつくりかた』（学芸出版社，2015）『ブックフェスタ　本の磁力で地域を変える』（共著，まちライブラリー，2021）などがある．

礒井純充
「まちライブラリー」の研究
「個」が主役になれる社会的資本づくり

2024年 2月 1日　第 1 刷発行

発行所 株式会社 みすず書房
〒113-0033 東京都文京区本郷 2 丁目 20-7
電話 03-3814-0131(営業) 03-3815-9181(編集)
www.msz.co.jp

本文・口絵組版 プログレス
本文・口絵印刷所 精興社
扉・表紙・カバー印刷所 リヒトプランニング
製本所 松岳社


ISBN 978-4-622-09648-1
[まちライブラリーのけんきゅう]